LARGE PRINT
SUMMERTIME
WORD SEARCH

THUNDER BAY
P·R·E·S·S

San Diego, California

Thunder Bay Press
An imprint of Printers Row Publishing Group
9717 Pacific Heights Blvd, San Diego, CA 92121
www.thunderbaybooks.com • mail@thunderbaybooks.com

Publisher: Peter Norton • Associate Publisher: Ana Parker
Art Director: Charles McStravick
Senior Developmental Editor: April Graham
Editor: Julie Chapa
Production Team: Beno Chan, Rusty von Dyl

Interior Design: Brianna Lewis

ISBN: 978-1-6672-0219-8

Printed in China

27 26 25 24 23   1 2 3 4 5

SUN __

```
T E E I T S T Y S R A Y E Q E
E S H I N E T F S C Z Q K F P
N K L B Y S I A E B J Q O O S
N Q F L O W E R R R N Q H R O L
O T H G I L C O D G R C T R B
B G N D O N L O T K A U S L R
M L V H V Z X M N D C B B W P
K A N L I I R N H A C O A W M
B S J P C J Q G G S T N L T D
V S H R S P O T S H S W N B H
F E H B E L T L N A R O Z S H
F S X L O D T B T D U D I O R
G W O Q Y A M R G E B F S T N
K U H C R O P K I S S E D D W
E S T O N E L R X F F L V V H
```

Life is best when you're under the sun.

BATH	FISH	ROOF
BELT	FLOWER	ROOM
BLOCK	GLASSES	SHADE
BONNET	KISSED	SHINE
BURN	LIGHT	SPOT
BURST	LIT	STONE
DOWN	PORCH	STROKE
DRESS	RAY	TAN

AT THE BEACH

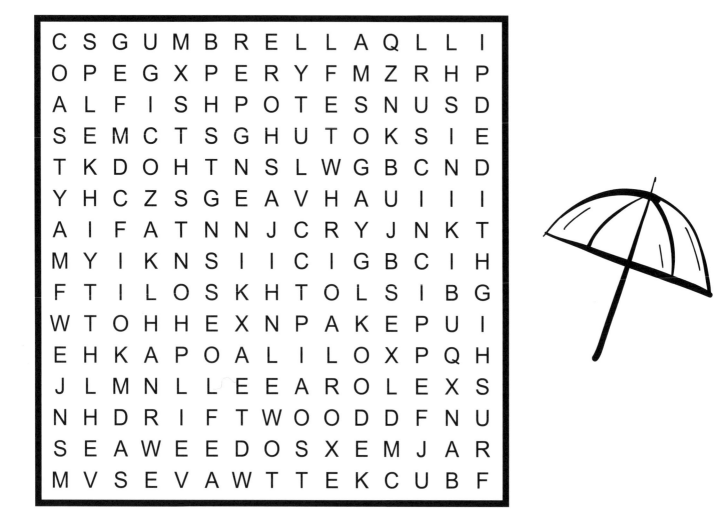

```
C S G U M B R E L L A Q L L I
O P E G X P E R Y F M Z R H P
A L F I S H P O T E S N U S D
S E M C T S G H U T O K S I E
T K D O H T N S L W G B C N D
Y H C Z S G E A V H A U I I I
A I F A T N N J C R Y J N K T
M Y I K N S I I C I G B C I H
F T I L O S K H T O L S I B G
W T O H H E X N P A K E P U I
E H K A P O A L I L O X P Q H
J L M N L L E E A R O L E X S
N H D R I F T W O O D D F N U
S E A W E E D O S X E M J A R
M V S E V A W T T E K C U B F
```

BIKINI	FLOATING	SHORE
BUCKET	HIGH TIDE	SNACKS
COAST	JETTIES	SUNSET
CRABS	KELP	SURF
DOLPHINS	KITE	TOWEL
DRIFTWOOD	PELICANS	UMBRELLA
DRINKS	PICNIC	WALKS
FISH	SEAWEED	WAVES

ICE CREAM FLAVORS

```
E G G N O G T G F X N S V N E
E Z V H M N M X W E J K P N A
B V A N I L L A N C P A E O M
U D I M A X L I T I I A J O I
Y A N D V V L S S C P J S M C
E O O Z V A M T R O H K V E O
T R M H R O A A L Q C A L U C
A Y U P R C G I T A E C N L O
L K P E H Y T O R E W A Y B N
O C S I R A F T F N C R R P U
C O O R N F E F M E B A R G T
O R E A E S O A P N O M E L K
H H R E O C N C U W J E H B C
C T C O Y G I V M Q F L C F S
I N M C O T T O N C A N D Y A
```

All you need is ice cream.

BLUE MOON

CARAMEL

CHERRY

CHERRY GARCIA

CHOCOLATE

COCONUT

COFFEE

COTTON CANDY

EGGNOG

LEMON

MANGO

MATCHA

MINT

MOOSE TRACKS

NEAPOLITAN

PECAN

PISTACHIO

PRALINE

ROCKY ROAD

S'MORES

SPUMONI

TOFFEE

UBE

VANILLA

GREAT OUTDOORS

```
D G A M A E R T S Y M L Q Z G
K Z V N W G T E G U L P N U C
B P Y A E U N J T A G C Q V H
K N I F E R F I N A H O X J A
S W W S O U U T Z L W O A J R
O N W T J Z E T M A F L K A C
Y A S C S R T E N S G E W C O
F H N E N K T X B E A R S K A
A L U S I A C R D J V R A E L
M R Q N G L K A A C F D H T O
I F I I T N P J N I H T A A S
L O V R F I K P K S L A E V U
Y A S T K I N M U X N N I N F
N G R O U P R G D S Q J P R T
H A M M O C K E C O M P A S S
```

ADVENTURE	GROUP	SNACKS
BEARS	HAMMOCK	STARGAZING
CHAIR	HUNTING	STREAM
CHARCOAL	INSECTS	SUPPLIES
COMPASS	JACKET	TENT
COOLER	KNIFE	TRAIL
FAMILY	LANTERN	UNPLUG
FIRE	NAVIGATE	WATER

```
Q A C N I V H Y D R A N G E A
L F A L L I V E D N A M K Y F
A O Q D Z G V D S I R I Y U A
N G B C A I L H A D O L C I W
M O Q W P F C S I I I H N X L
A M G K H X O A F L S U K A S
R P C A X A R L S I T Y N U U
I H L I R V E V A E M T E S N
G R E N O D O I P R A L A U F
O E M O P I P A Q N O U L C L
L N A G U L S A A C S C L S O
D A T E I Z I N N I A C I I W
W X I B F U S Y L S H W U B E
O I S I M P A T I E N S M I R
H M U I N A R E G H U K B H Z
```

"Let life be beautiful like summer flowers..."

Rabindranath Tagore

ALLIUM	GERANIUM	MANDEVILLA
BEGONIA	GOMPHRENA	MARIGOLD
CLEMATIS	HIBISCUS	PETUNIA
COLEUS	HYDRANGEA	SALVIA
COREOPSIS	IMPATIENS	SNAPDRAGON
DAHLIA	IRIS	SUNFLOWER
DAISY	LANTANA	VINCA
FUCHSIA	LILY	ZINNIA

BARBECUE

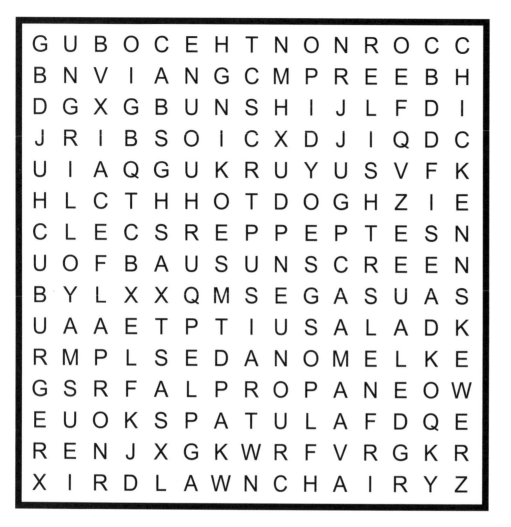

```
G U B O C E H T N O N R O C C
B N V I A N G C M P R E E B H
D G X G B U N S H I J L F D I
J R I B S O I C X D J I Q D C
U I A Q G U K R U Y U S V F K
H L C T H H O T D O G H Z I E
C L E C S R E P P E P T E S N
U O F B A U S U N S C R E E N
B Y L X X Q M S E G A S U A S
U A A E T P T I U S A L A D K
R M P L S E D A N O M E L K E
G S R F A L P R O P A N E O W
E U O K S P A T U L A F D Q E
R E N J X G K W R F V R G K R
X I R D L A W N C H A I R Y Z
```

APRON	GRILL	RELISH
BEER	HOT DOG	RIBS
BUNS	LAWN CHAIR	SALAD
BURGER	LEMONADE	SAUSAGE
CHICKEN	MAYO	SKEWER
COLESLAW	MUSTARD	SPATULA
CORN ON THE COB	PEPPERS	STEAK
DIP	PROPANE	SUNSCREEN

CALIFORNIA LOVE

```
F S Y B L H T J B W E H C C T
R Y O S E M I T E E S B G E D
U B I G S U R W C Y A E E L T
S S U N S H I N E W B C A A T
S E L E G N A S O L P U H R R
E L B D E A T H V A L L E Y H
Q I Z P W Q D U L F N S T O O
U B Q J V M B M Y A E A A S L
O E J Q G I T P D D H L G O L
I R R M L R P S Y Q I C N C Y
A A T A E O F R V O N A E A W
R L M E P G Z B M E N T D T O
E L A I D B A C K A O R L A O
O D A C O V A Y T V U A O P D
D I S N E Y L A N D T Z G E L
```

California
Dreamin'

ALCATRAZ	GOLDEN GATE	POPPY
AVOCADO	HOLLYWOOD	SEQUOIA
BEACH	IN-N-OUT	SUNSHINE
BEAR	LAID-BACK	SURF
BIG SUR	LIBERAL	TACOS
DEATH VALLEY	LOS ANGELES	TAN
DESERT	MALIBU	WINE
DISNEYLAND	PALM TREE	YOSEMITE

LUAU

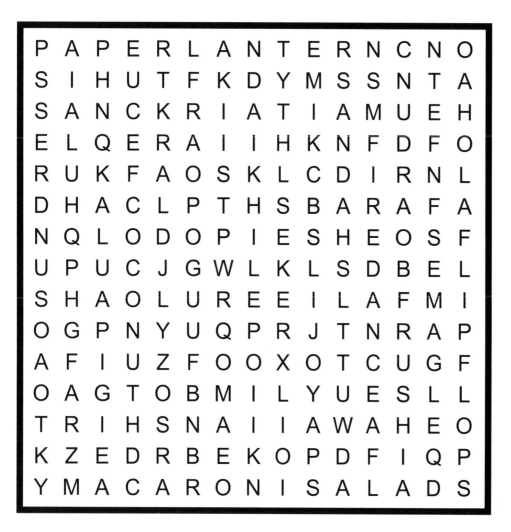

```
P A P E R L A N T E R N C N O
S I H U T F K D Y M S S N T A
S A N C K R I A T I A M U E H
E L Q E R A I I H K N F D F O
R U K F A O S K L C D I R N L
D H A C L P T H S B A R A F A
N Q L O D O P I E S H E O S F
U P U C J G W L K L S D B E L
S H A O L U R E E I L A F M I
O G P N Y U Q P R J T N R A P
A F I U Z F O O X O T C U G F
O A G T O B M I L Y U E S L L
T R I H S N A I I A W A H E O
K Z E D R B E K O P D F I Q P
Y M A C A R O N I S A L A D S
```

Aloha, summer!

ALOHA

BEACH

COCONUT

FIRE DANCE

FLIP-FLOPS

FLOWER

GAMES

GRASS SKIRT

HAWAIIAN SHIRT

HULA

KALUA PIG

LEI

LIMBO

MACARONI SALAD

MAI TAI

PAPER LANTERN

PINEAPPLE

POI

POKE

PUKA SHELL

SAND

SUNDRESS

SURFBOARD

TIKI TORCH

```
F E R R I S W H E E L U M A P
T B V N U S E S U O H N U F G
G N C A S T L E O C A O U J I
H N E P O P C O R N L O P H F
T O I M P I L X Y E L L O R T
O E O W N Q U E U E Q L Y E S
O W L Y S I R X K Z U A U D H
B H G O A T A H G A D B T I O
T Q R W J X A T O M I X R L P
E S N F L U I O R R R G A S G
K P A R A D E G B E S K I R S
C X L R I D E S F B T E N E S
I B U M P E R C A R S N M T H
T P I R A T E S H I P A E A O
F I R E W O R K S K G T X W W
```

BALLOON

BOAT SWING

BUMPER CARS

CASTLE

ENTERTAINMENT

FERRIS WHEEL

FIREWORKS

FUN HOUSE

GAMES

GIFT SHOP

GOAT

HORSE

MAP

MAZE

PARADE

PIRATE SHIP

POPCORN

QUEUE

RIDES

SHOW

TICKET BOOTH

TRAIN

TROLLEY

WATERSLIDE

HISTORIC MUSEUMS

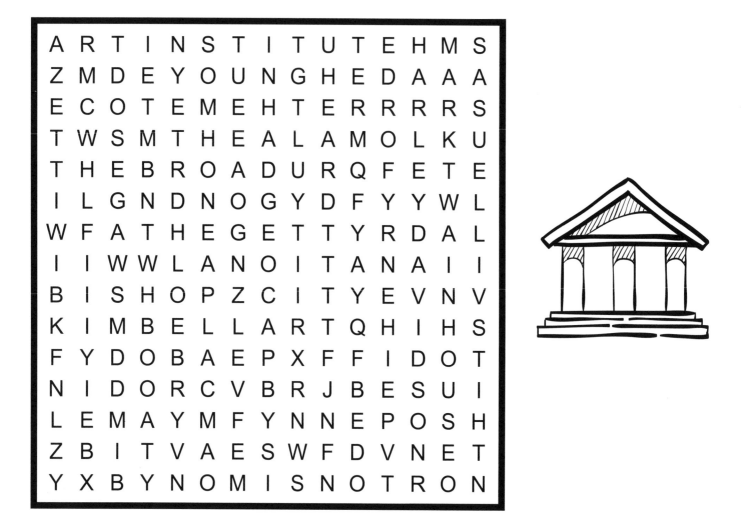

```
A R T I N S T I T U T E H M S
Z M D E Y O U N G H E D A A A
E C O T E M E H T E R R R R S
T W S M T H E A L A M O L K U
T H E B R O A D U R Q F E T E
I L G N D N O G Y D F Y Y W L
W F A T H E G E T T Y R D A L
I I W W L A N O I T A N A I I
B I S H O P Z C I T Y E V N V
K I M B E L L A R T Q H I H S
F Y D O B A E P X F F I D O T
N I D O R C V B R J B E S U I
L E M A Y M F Y N N E P O S H
Z B I T V A E S W F D V N E T
Y X B Y N O M I S N O T R O N
```

ART INSTITUTE	HITSVILLE USA	PEABODY
BISHOP	KIMBELL ART	PENN
CITY	LACMA	RODIN
DE YOUNG	LEMAY	THE ALAMO
FRYE	MARK TWAIN HOUSE	THE BROAD
HARLEY-DAVIDSON	MOMA	THE GETTY
HEARD	NATIONAL WWII	THE MET
HENRY FORD	NORTON SIMON	WITTE

SUMMER SUSTAINABILITY

Earth
Loves You

```
W T S O P M O C U N H Z J E B
E K E P H Y O S A B L B K C D
V Y C Q M O V G T R E D U C E
I R R A P B E H O P H Q T B M
T E U E F V R X R A T N D E I
A N O N U I Z D G C E N E A A
N E S E F S U E A M I L C C L
R W E T W F E P N W C N O H C
E A R Z L Q M O I Y A B T C E
T B Y E O I R Q C L D P O L R
L L L R W I E E O D G F U E S
A E Z O V V R C M M R O R A O
K K L N E N A M U H E F I N L
G X E V O L U N T E E R S U A
E N E R G Y S A V I N G M P R
```

ALTERNATIVE	HUMANE	RENEWABLE
BEACH CLEANUP	LOCAL	RESOURCES
COMPOST	LOW-IMPACT	REUSE
CO-OP	NET-ZERO	SOLAR
ECOTOURISM	ORGANIC	THRIFT
ENERGY-SAVING	RECLAIMED	VEGAN
ENVIRONMENT	RECYCLE	VOLUNTEER
GREEN	REDUCE	WIND

FROZEN DELIGHTS

```
E C H E E S E C A K E M A O G
N I C I B I C I B D C K X D S
O H K G B D D R A T S U C D O
C T T E C I D E V A H S Z E F
W E O A M R M A L Y O G U R T
O B T I E K E A T R Y A C F S
N R A E K R D A E I A D I I E
S E L H D E B B M R N C X M R
O H E T K P A S A P C A K E V
S S G A U N O D N N I E R S E
L N B O L Z D P N O A E C G F
U B K L F Z G X E U G N W I M
S H P F I M J L H C S A A U V
H E C I N A I L A T I F R M N
Y E R P O X F S O R B E T D M
```

Anything is POPSICLE in summer.

BAKED ALASKA	FLOAT	SHAVED ICE
BANANA	GELATO	SHERBET
BICI BICI	GRANITA	SLUSHY
CAKE	ICE CREAM	SNOW CONE
CHEESECAKE	ICE POP	SOFT SERVE
CREAM PIE	ITALIAN ICE	SORBET
CUSTARD	KULFI	SUNDAE
DRAGON'S BREATH	SEMIFREDDO	YOGURT

TROPICAL PLANTS

```
C D Z Q D U B R O M E L I A D
X R B J A N T H U R I U M M M
N A T A L M A H O G A N Y O L
Y C K G H H I B I S C U S N A
Y A A R E L F F E H C S E S P
L E N I L Y D R O C F P E T R
I N C A M E N O A L G A R E E
L A S A N S E V E R I A T R G
E P H I L O D E N D R O N A N
C V F S U C I F C R O T O N I
A D U M B C A N E D W L G M F
E M O B Y A I S A C O L A E M
P I L E A N G P Q H L E R D G
I I K C E N R A W X O N D X T
P E U P S A X O R C H I D L G
```

Tropic like it's hot.

AGLAONEMA	DRAGON TREE	ORCHID
ALOCASIA	DUMB CANE	PEACE LILY
ANTHURIUM	FERN	PHILODENDRON
BROMELIAD	FICUS	PILEA
CANNA	FINGER PALM	SANSEVERIA
CORDYLINE	HIBISCUS	SCHEFFLERA
CROTON	MONSTERA	WARNECKII
DRACAENA	NATAL MAHOGANY	YUCCA

SPA DAY

```
G E T A W A Y F O O T B A T H
Q S B M J K S A M Y A L C T W
G D L G B A S B T W O L N U E
S A E X M K L N O F G E O N V
K M M E I U I R X D M T O O E
N K R C W M P F E T Y T G C R
M A E T S A P A A U S O H O U
X P G H L X E E F T Q A I C C
A Y A I O K R S O D W C U L I
W B S M K T S H E A M L A N N
T N S I P X T B L Y W A L L A
O X A F P E O U C T K I M L M
H S M I L R R Q B I G C M E O
C U C U M B E R A M W A W N I
Z X I I D E W A T E R F A L L
```

BODY OIL	HOT STONE	PAMPER
CLAY MASK	HOT TUB	ROBE
COCONUT	HOT WAX	SAUNA
CUCUMBER	LACQUER	SEAWEED
DAYTIME	MANICURE	SLIPPERS
FACIAL	MASSAGE	STEAM
FOOTBATH	MINT	TREATMENT
GETAWAY	MUD	WATERFALL

```
Z P J U I T X F U O W I B O O
C S M R O W W O L G Y K P I G
H A E A B M U N M S K A C C I
M W T E N T X A M O T H Q I S
E A U E Z T E F I R E F L Y T
L H G F R W I K G I W R A E E
T A N G A P W S C D K I B U L
E H A V O E I X E I Z R U E T
E J F F I T L L T E R M I T E
B B U T T E R F L Y R C V P E
F Y N I I C J O A A Y X H R B
A L A C E B U G N B R O R U F
M M Y I L S C D T C I C A D A
H O R S E F L Y S E I T G M E
P K Q A L N G U B Y D A L V L
```

This summer will **BEE** fantastic.

ANT

BEE

BEETLE

BUTTERFLY

CATERPILLAR

CICADA

CRICKET

EARWIG

FIREFLY

FLEA

FLY

GLOWWORM

GNAT

HORSEFLY

LACE BUG

LADYBUG

LEAF BEETLE

LOUSE

MAGGOT

MANTIS

MOTH

TERMITE

TICK

WASP

TIDE POOLS

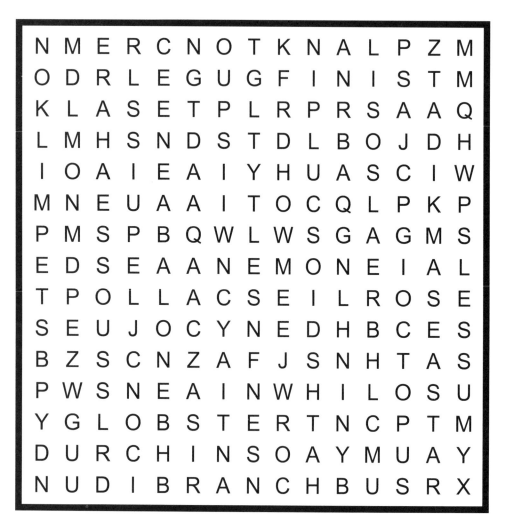

```
N M E R C N O T K N A L P Z M
O D R L E G U G F I N I S T M
K L A S E T P L R P R S A A Q
L M H S N D S T D L B O J D H
I O A I E A I Y H U A S C I W
M N E U A A I T O C Q L P K P
P M S P B Q W L W S G A G M S
E D S E A A N E M O N E I A L
T P O L L A C S E I L R O S E
S E U J O C Y N E D H B C E S
B Z S C N Z A F J S N H T A S
P W S N E A I N W H I L O S U
Y G L O B S T E R T N C P T M
D U R C H I N S O A Y M U A Y
N U D I B R A N C H B U S R X
```

High tides
and good
vibes

ABALONE	LOW TIDE	SCULPIN
ALGAE	MUSSELS	SEA ANEMONE
BARNACLES	NUDIBRANCH	SEA HARE
CHITON	OCTOPUS	SEA STAR
CLAM	OYSTER	SEAWEED
FISH	PLANKTON	SHRIMP
LIMPETS	ROCKS	SNAIL
LOBSTER	SCALLOP	URCHINS

```
B E A C H L I N E N O Z T K R
E S T F C W B G A R D E N A E
E O E P P A A N R Y M T C X B
G R A L C T M O G L L Y O L M
A D K U I E B R A I A J C E U
S L W M T R O T R L P A O M C
E I O E R M O I D A S S N O U
T W O R U E N C E L U M U N C
I B D I S L S G N L C I T V H
H V L A Y O C E I A S N L E K
W E D Y E N O H A C I E I R M
R E D N E V A L W M B Z M B K
G R A P E F R U I T I J E E F
T Y P P O P D L I W H S P N U
O C E A N B R E E Z E P T A U
```

BAMBOO
BEACH LINEN
CALLA LILY
CITRON
CITRUS
COCONUT LIME
CUCUMBER
GARDEN

GARDENIA
GRAPEFRUIT
HIBISCUS PALM
HONEYDEW
JASMINE
LAVENDER
LEMON VERBENA
MINT

OCEAN BREEZE
PLUMERIA
SEA MIST
TEAKWOOD
WATERMELON
WHITE SAGE
WILD POPPY
WILD ROSE

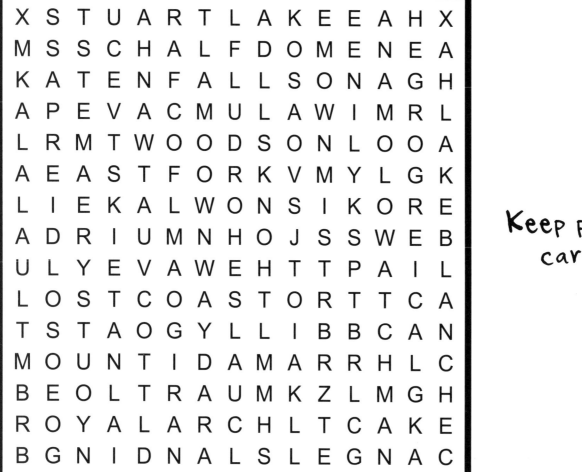

```
X S T U A R T L A K E E A H X
M S S C H A L F D O M E N E A
K A T E N F A L L S O N A G H
A P E V A C M U L A W I M R L
L R M T W O O D S O N L O A
A E A S T F O R K V M Y L G K
L I E K A L W O N S I K O R E
A D R I U M N H O J S S W E B
U L Y E V A W E H T T P A I L
L O S T C O A S T O R T T C A
T S T A O G Y L L I B B C A N
M O U N T I D A M A R R H L C
B E O L T R A U M K Z L M G H
R O Y A L A R C H L T C A K E
B G N I D N A L S L E G N A C
```

Keep palm and carry on.

ALUM CAVE	KALALAU	ROYAL ARCH
ANGELS LANDING	LAKE BLANCHE	SKYLINE
ART LOEB	LOST COAST	SNOW LAKE
BILLY GOAT	MIST	SOLDIER PASS
EAST FORK	MOUNT IDA	STUART LAKE
GLACIER GORGE	MT. WOODSON	TEN FALLS
HALF DOME	OLOMANA	THE WAVE
JOHN MUIR	RIM	WATCHMAN

```
P E G D L O S W O L L A H S C
M G Q O C X P U Q E V L A N E
J I X E G M Y L B X D G J H P
Q J A U E G N T C M F I X A I
E N O D Q B L I A I E E L W J
E N L S W A M E T O T R V G E
L E I Y N O H F S T L A G I L
Y J D R A O B K C I K F U E D
T X B J O G R R N M Q T H Q D
S U C Q G L Q K S C U B A S A
E L O O P T H N E K I D I P P
E V N F R F E C E L R F J R G
R C X E P Y P D J P Y A I N O
F G A O P E N W A T E R C N D
M D E O N H O C A W F L V E E
```

AQUATIC

CAP

CHLORINE

DIP

DIVE

DOG PADDLE

FLOATY

FREESTYLE

GLIDE

GOGGLES

KICKBOARD

LANE

LAP

MEDLEY

OCEAN

OPEN WATER

POOL

RACE

SCUBA

SHALLOW

SNORKEL

SUBMERGE

TREAD

WADE

NATIONAL PARKS

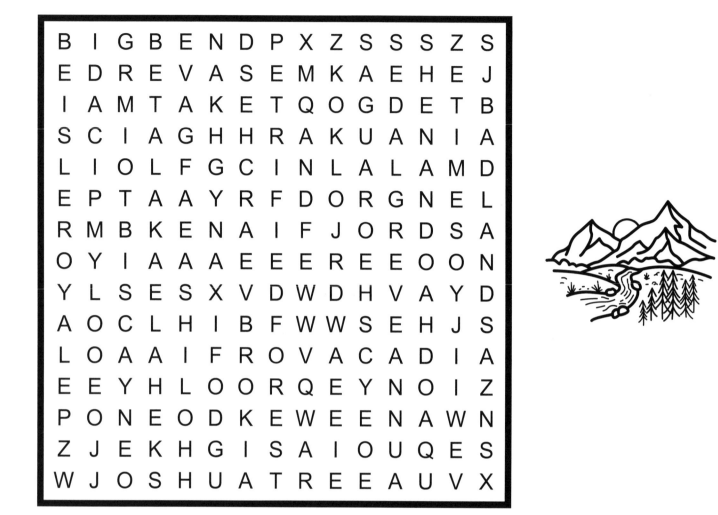

```
B I G B E N D P X Z S S S Z S
E D R E V A S E M K A E H E J
I A M T A K E T Q O G D E T B
S C I A G H H R A K U A N I A
L I O L F G C I N L A L A M D
E P T A A Y R F D O R G N E L
R M B K E N A I F J O R D S A
O Y I A A A E E E R E E O O N
Y L S E S X V D W D H V A Y D
A O C L H I B F W W S E H J S
L O A A I F R O V A C A D I A
E E Y H L O O R Q E Y N O I Z
P O N E O D K E W E E N A W N
Z J E K H G I S A I O U Q E S
W J O S H U A T R E E A U V X
```

ACADIA	ISLE ROYALE	REDWOOD
ARCHES	JOSHUA TREE	SAGUARO
BADLANDS	KATMAI	SEQUOIA
BIG BEND	KENAI FJORDS	SHENANDOAH
BISCAYNE	KEWEENAW	SHILOH
DENALI	MESA VERDE	SITKA
EVERGLADES	OLYMPIC	YOSEMITE
HALEAKALĀ	PETRIFIED FOREST	ZION

GONE FISHING

```
J G P O L K K J N B G H D G H
G T I R E L G N A F N C A R G
L I P J E W X R U J L T Q E E
Z A M A R K V V E L B A P B A
S W I V E L I P D K A C A B R
M Y W T R R P R E R N I V O J
K Z G F Z E R K T T T I F B Y
C R E N N I P S G S Q Q S Y N
E N K T C T G H O O K C A B C
G B N T A E I I P Z H Q H M T
T Q J O C O R U W P O Z Y U G
V G B U O X L U W Y H P D K M
T E U X Y P S F L Y M O X E E
V E K A L J S F N M R E N I L
T Q N T A C K L E B O X I T A
```

Keeping it reel.

ANGLER	HOOK	ROD
BAIT	JIG	SINKER
BOAT	LAKE	SPINNER
BOBBER	LINE	SPOON
CATCH	LURE	STRIKE
CHUM	NET	SWIVEL
FLOAT	REEL	TACKLE BOX
GEAR	RIG	TAG

UNDERWATER ADVENTURE

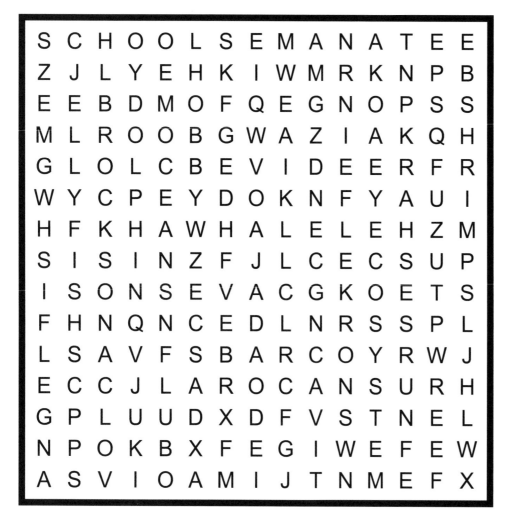

Have a FIN-tastic day!

S	C	H	O	O	L	S	E	M	A	N	A	T	E	E
Z	J	L	Y	E	H	K	I	W	M	R	K	N	P	B
E	E	B	D	M	O	F	Q	E	G	N	O	P	S	S
M	L	R	O	O	B	G	W	A	Z	I	A	K	Q	H
G	L	O	L	C	B	E	V	I	D	E	E	R	F	R
W	Y	C	P	E	Y	D	O	K	N	F	Y	A	U	I
H	F	K	H	A	W	H	A	L	E	L	E	H	Z	M
S	I	S	I	N	Z	F	J	L	C	E	C	S	U	P
I	S	O	N	S	E	V	A	C	G	K	O	E	T	S
F	H	N	Q	N	C	E	D	L	N	R	S	S	P	L
L	S	A	V	F	S	B	A	R	C	O	Y	R	W	J
E	C	C	J	L	A	R	O	C	A	N	S	U	R	H
G	P	L	U	U	D	X	D	F	V	S	T	N	E	L
N	P	O	K	B	X	F	E	G	I	W	E	F	E	W
A	S	V	I	O	A	M	I	J	T	N	M	E	F	X

ANGELFISH

CAVES

CORAL

CRAB

DOLPHIN

ECOSYSTEM

EEL

FIN

FREE DIVE

HOBBY

JELLYFISH

MANATEE

NURSE SHARK

OCEAN

REEF

ROCKS

SCHOOLS

SCUBA

SEAL

SHRIMP

SNORKEL

SPONGE

VOLCANO

WHALE

PARADE

V	M	I	L	I	T	A	R	Y	I	E	L	E	H	C
S	I	N	G	E	R	S	F	L	O	A	T	S	C	K
K	P	B	A	L	L	O	O	N	S	H	Q	O	R	D
R	O	M	U	S	I	C	O	A	P	O	Q	K	A	E
O	L	K	S	L	M	N	C	Q	Q	R	L	N	M	E
W	I	B	Q	E	G	O	J	C	A	S	C	T	P	N
E	C	A	G	E	D	I	A	I	E	E	O	Q	P	L
R	E	N	Q	H	A	T	K	S	R	S	R	A	C	I
I	Y	N	I	W	K	A	O	S	Y	D	W	A	O	G
F	A	E	A	N	X	R	D	K	G	P	X	M	L	H
B	D	R	B	I	B	B	N	C	C	W	U	I	A	T
I	I	W	H	P	F	E	A	U	H	B	T	D	I	S
S	L	U	O	U	W	L	B	R	E	T	O	E	L	F
X	O	X	N	B	J	E	U	T	E	C	R	O	W	D
N	H	N	K	M	K	C	S	R	R	H	D	V	S	E

BALLOONS	FIREWORKS	MARCH
BAND	FLOATS	MILITARY
BANNER	FUN	MUSIC
CARS	GLITTER	PINWHEELS
CELEBRATION	HOLIDAY	POLICE
CHEER	HONK	ROSES
CROWD	HORSES	SINGERS
DANCERS	LIGHTS	TRUCKS

BUTTERFLIES

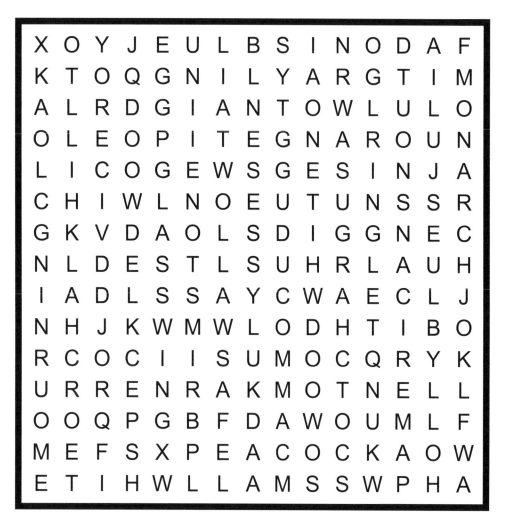

```
X O Y J E U L B S I N O D A F
K T O Q G N I L Y A R G T I M
A L R D G I A N T O W L U L O
O L E O P I T E G N A R O U N
L I C O G E W S G E S I N J A
C H I W L N O E U T U N S S R
G K V D A O L S D I G G N E C
N L D E S T L S U H R L A U H
I A D L S S A Y C W A E C L J
N H J K W M W L O D H T I B O
R C O C I I S U M O C Q R Y K
U R R E N R A K M O T N E L L
O O Q P G B F D A W O U M L F
M E F S X P E A C O C K A O W
E T I H W L L A M S S W P H A
```

ADONIS BLUE	HOLLY BLUE	SCOTCH ARGUS
AMERICAN SNOUT	JULIA	SMALL WHITE
BRIMSTONE	KARNER	SPECKLED WOOD
CHALK HILL	MONARCH	SWALLOWTAIL
COMMA	MOURNING CLOAK	ULYSSES
GIANT OWL	ORANGE-TIP	VICEROY
GLASSWING	PEACOCK	WALL
GRAYLING	RINGLET	WOOD WHITE

SUMMER CAMP

```
R M C G Y M N A S T I C S N R
E R C E R A M I C S E N N G W
P O E K M B L Q X R G M I I S
M F G C A N O E U K N Z H E W
A I A G J C X T B X I H P P I
C N K S T F A R C D K O Y Z M
K U C C I N C I P H R M E L M
A Q A S N O Q M G H O E G I I
N Z P U T N E T G B W S D F N
N O E W U A Z I T P D I O E G
N F R A R C H E R Y O C L G B
Y O A R T S X J U F O K N U B
K O C N I B A C N E W L T A B
N B G M N R H H K X X U X R J
B W C A N T E E N T L R P D B
```

"Everything magical happens between the months of June and August."

Jenny Han

ARCHERY	CARE PACKAGE	NATURE
ARTS	CERAMICS	PICNIC
BELAY	CRAFTS	SWIMMING
BUNK	GYMNASTICS	TENT
CABIN	HIGH ROPES	TRUNK
CAMPER	HOMESICK	UNIFORM
CANOE	LIFEGUARD	WOODWORKING
CANTEEN	LODGE	YOGA

AT THE ZOO

```
S Q E P N R G N E T F F G I M
E P J C U R O T A G I L L A R
Y R A U T C N A S V H P Z E O
M O N K E Y U W V F I E T P P
D N R O C P O P T J B A N S P
R E L E P H A N T R E A R W I
H C O N S E R V A T I O N Y H
I P T C Y B D R N Q A A B A T
N O I L O T Y A A A Q E G Y W
O H B O L S H E P U O I W X B
Y S I S V A T B A I N S E C T
M T H U X I M R L S T O U R T
Y F X R H O I A I Y H W I S U
J I E E J U S K Q C U P T C C
H G Y A M H A T E E H C Z Q F
```

ALLIGATOR	ELEPHANT	MONKEY
ANTEATER	ENCLOSURE	OSTRICH
AQUARIUM	EXHIBIT	POPCORN
AVIARY	GIFT SHOP	RHINO
BAT	HIPPO	SANCTUARY
BEAR	INSECT	SHOW
CHEETAH	LION	TOUR
CONSERVATION	LLAMA	ZEBRA

```
B J A S H I M A E B A H D H U
I V M C O N S O L E B E E U C
J D T D R A F T U O U D N L A
I A A J Y R L S W Y L E X L M
H D R B R U Y D S J K C J O W
V Q N M C D B E D B H K G Q P
M F A R A D R Q Q R E W N U K
M E T S B E I H S K A C I A C
F C M U I R D C F O D W L R A
U F W X N F G J R Z A Z E U T
V S X C S Q E E S J Z G E E F
N T L P T I L F K T Q S H M L
J S E O N L A J A I E S B A C
B A E R I C N A B P G R F C B
W M K T Y E L L A G G T N A R
```

It's a-BOAT time for summer!

ABEAM	FLYBRIDGE	LEEWARD
AFT	GALLEY	MAST
BOW	HATCH	PORT
BULKHEAD	HEELING	RUDDER
CABIN	HELM	STEM
CONSOLE	HULL	STERN
DECK	JIB	TACK
DRAFT	KEEL	TILLER

ROAD TRIP

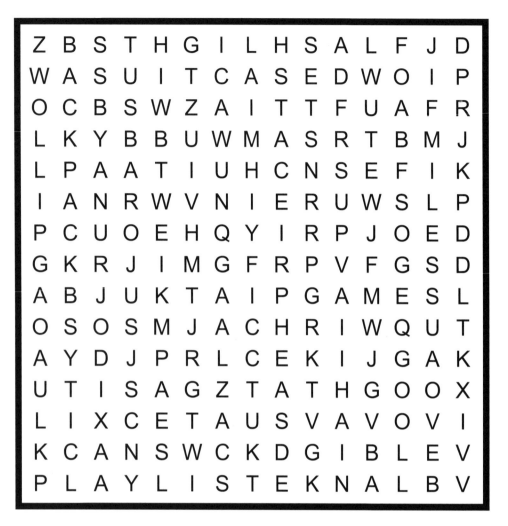

```
Z B S T H G I L H S A L F J D
W A S U I T C A S E D W O I P
O C B S W Z A I T T F U A F R
L K Y B B U W M A S R T B M J
L P A A T I U H C N S E F I K
I A N R W V N I E R U W S L P
P C U O E H Q Y I R P J O E D
G K R J I M G F R P V F G S D
A B J U K T A I P G A M E S L
O S O S M J A C H R I W Q U T
A Y D J P R L C E K I J G A K
U T I S A G Z T A T H G O O X
L I X C E T A U S V A V O V I
K C A N S W C K D G I B L E V
P L A Y L I S T E K N A L B V
```

BACKPACK	FLASHLIGHT	MILES
BLANKET	GAME	PILLOW
BOOK	GPS	PLAYLIST
CAMERA	HAT	RV
CAR	HIGHWAY	SNACK
CITY	JOURNEY	SUITCASE
DESERT	LUGGAGE	VACATION
FIRST AID	MAT	WATER

```
Z Z S W Q H S I Z Z U C A J Z
Q K P X S J Z T O W E L B B F
M E C A H X F Y A F Q I A M R
Q S L I D E C T R R K C Y S O
U P M I W S E I B I K F Z T N
S W P L F R V U N S I N T Z T
K U O N N E T I T N L O S L C
B I N M S T G R S R R O N D R
O Z N D E E O U E G O D O I A
S P Z R E K L M A T U L R V W
X U F P E C M G Z R A E K E L
K L N D G U K U G S D O E Y E
Y D B H S U N B L O C K L F W
Z E S L A D N A S S G T I F S
H K S L U T M A R C O P O L O
```

Soak up some sun.

BACKSTROKE

BIKINI

BUTTERFLY

DIVE

FINS

FLOAT

FRONT CRAWL

GOGGLES

GROTTO

JACUZZI

LIFEGUARD

MARCO POLO

NOODLE

SANDALS

SLIDE

SNORKEL

SPLASH

SUMMER

SUNBLOCK

SUNDECK

SUN HAT

SWIM

TOWEL

WATER

HELLO SEATTLE

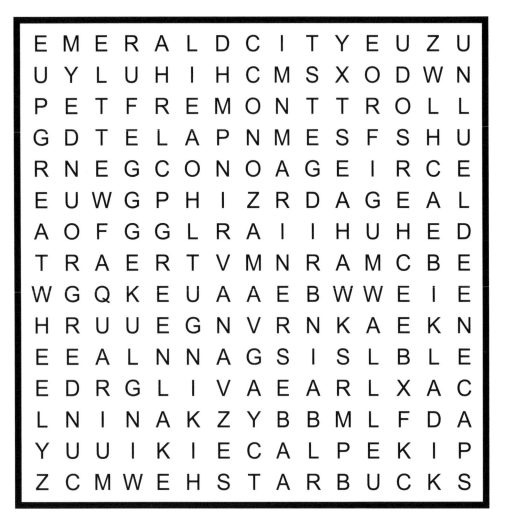

```
E M E R A L D C I T Y E U Z U
U Y L U H I H C M S X O D W N
P E T F R E M O N T T R O L L
G D T E L A P N M E S F S H U
R N E G C O N O A G E I R C E
E U W G P H I Z R D A G E A L
A O F G G L R A I I H U H E D
T R A E R T V M N R A M C B E
W G Q K E U A A E B W W E I E
H R U U E G N V R N K A E K N
E E A L N N A G S I S L B L E
E D R G L I V A E A R L X A C
L N I N A K Z Y B B M L F D A
Y U U I K I E C A L P E K I P
Z C M W E H S T A R B U C K S
```

ALKI BEACH	GREAT WHEEL	PIKE PLACE
AMAZON	GREEN LAKE	SAM
AQUARIUM	GRUNGE	SEAHAWKS
BAINBRIDGE	GUM WALL	SPACE NEEDLE
BEECHER'S	HIKING	STARBUCKS
CHIHULY	MARINERS	TECH
EMERALD CITY	MOPOP	UNDERGROUND
FREMONT TROLL	NIRVANA	WING LUKE

HOT __

```
P S F S F P E P P E R S W B R
L P O T Y D D O T I L G Z Q C
A R A U P V A U H H N I M D S
T I Q F X R B Z O K E K P R B
E N M F W L H T N V P F Z S M
C G G R J S H I X Z T G V K V
T S C C H I C K E N E E V R K
C X S W E T N O T T U B O N E
F S F K X N U E L L L D I Z R
Y L D C K N L I W Y G L M C H
H F I Y L A S I Q U F Y D I S
S U S I M K F L A S H N O P O
E D H A C Q W Q G T I W W O Q
A G T O Y G Z D L W A A M T B
T E R S N K B H R Y X D Y T K
```

Sunny days are here again.

BUTTON	LUNCH	SPRINGS
CHICKEN	PEPPERS	STUFF
DISH	PINK	TAMALE
FLASH	PLATE	TODDY
FUDGE	POT	TOPIC
GLUE	ROCKS	TUB
LINK	ROD	WAX
LIPS	SEAT	WIND

SLUMBER PARTY

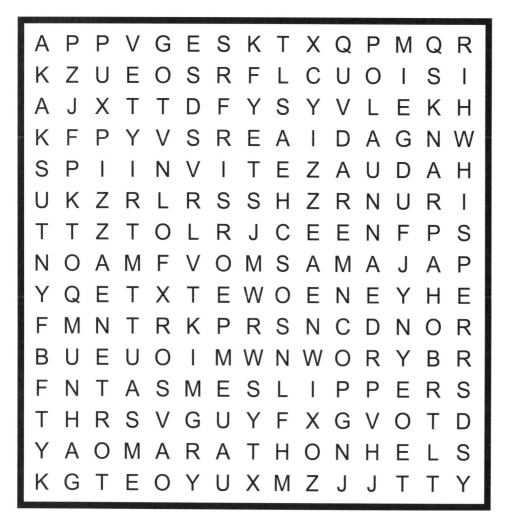

A P P V G E S K T X Q P M Q R
K Z U E O S R F L C U O I S I
A J X T T D F Y S Y V L E K H
K F P Y V S R E A I D A G N W
S P I I N V I T E Z A U D A H
U K Z R L R S S H Z R N U R I
T T Z T O L R J C E E N F P S
N O A M F V O M S A M A J A P
Y Q E T X T E W O E N E Y H E
F M N T R K P R S N C D N O R
B U E U O I M W N W O R Y B R
F N T A S M E S L I P P E R S
T H R S V G U Y F X G V O T D
Y A O M A R A T H O N H E L S
K G T E O Y U X M Z J J T T Y

ANNUAL	MEMORIES	PRANKS
CANDY	MONOPOLY	SECRETS
DARE	MOVIES	SLIPPERS
FUDGE	OVERNIGHT	STAY UP
GOSSIP	PAJAMAS	TENT
INVITE	PETS	THEME
KARAOKE	PILLOWS	TRUTH
MARATHON	PIZZA	WHISPER

ON THE BAYOU

```
I Y N O R E H C K O H N Y F P
F B T C T D U M A Q Z Q B E B
G D E L T A Y J O F R K G E A
O C G C A H O U M A H R B R R
Q B R P A F O B N K E N P T T
Z N M E A A Z R T M A R S H
D W H U O A N Y Y I U T L S O
P E I F G L W A E D A Q R E L
S O E G M O E S I T E O O R O
H S N W N U J A C S T C Z P M
Y G H T K I Z B M A I E O Y E
T A O R O C H A G L F U G C W
O G J B I O U S Y G C U O W T
U L T Q X M N D I T L P F L H
R P S X E F P D K F Z B H R A
```

Can I bayou
a drink?

AIRBOAT

BARTHOLOMEW

CAJUN

CREOLE

CYPRESS TREE

DELTA

DUCKWEED

EGRET

FISHING

GATOR

GULF

GUMBO

HERON

HOUMA

LAFAYETTE

LOUISIANA

MARSH

OAK

PONTOON

SHRIMP

ST. JOHN

SWAMP

TOUR

ZYDECO

BOWLING

O H K N P S N G I W B V I Y Z
E I S A O R B U E Z A Z Q P U
Z W R H E F I X F Z L X Y R X
L T C E O V L E R O L L I N G
Y A B P C E L J L A S E R S M
N S R O A B R S P L I T O L D
S V W G U R A E Q P I Z Z A G
U P U O P I N S N P X Y P Q U
U E D V T E A M O T Y E C P T
S M E Q K K N C Z A A L I L T
T U R K E Y K C A G U L C A E
K P M Z I E S P A R E A U N R
X D Q L T R K A I B W M R E K
M U S I C I T W W K F A V S I
Z B J X E D Q S Z X H X E O D

ALLEY	LASERS	ROLLING
BALLS	LEAGUE	SHOE RENTAL
BEER	MUSIC	SPARE
CURVE	NACHOS	SPLIT
DOUBLE	PARTY	STRIKE
FUN	PINS	TEAM
GUTTER	PIZZA	TURKEY
LANES	POCKET	WAX

CAMPING

```
L T O I L E T P A P E R T S T
V O M V M F O L N Y E E P U E
Z C R E T A W R H E N N U N N
M P J M K O E A K T C D C G I
U G Q Z B T L P S G R I L L L
E A B I N O C U L A R S H A S
D B C A E I E F I N K R A S E
A G L H P I L L O W G F M S H
H N C H A I R T P T E V M E T
S I L O Z R E J R R A C E S O
N P T K E B C E A K O B R V L
U E Q T O C L O H C Z P L D C
S E A O U O L L A A K I A E B
U L K Y O P A M S L T E Y N G
P S K C D D B L S O A P T M E
```

Camping is
in-tents!

BINOCULARS   HAT   PILLOW

BOWL   ICE   PLATE

CHAIR   JACKET   SLEEPING BAG

CHARCOAL   KNIFE   SOAP

CLOTHESLINE   LANTERN   SUNGLASSES

COOLER   MAP   SUNSHADE

COT   NOTEBOOK   TABLE

HAMMER   PEN   TENT

MARTHA'S VINEYARD

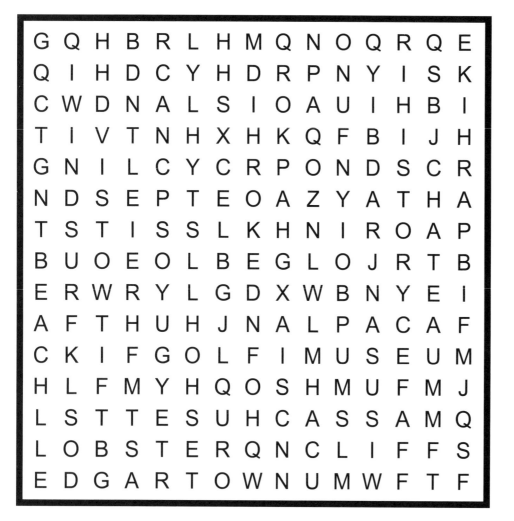

Ocean air & salty hair

ALPACA	FISHING	MUSEUM
BEACH	GOLF	OAK BLUFFS
CHÂTEAU	HIKE	POLLY HILL
CLIFFS	HISTORY	PONDS
CYCLING	INN	RESORT
EDGARTOWN	ISLAND	SAIL
FARM	LOBSTER	WEST CHOP
FERRY	MASSACHUSETTS	WINDSURF

THINGS AT THE PARK

```
T Q H G T S T I L O F T L U J
S F H C E R E R D N A S B O U
O T H J N L A E U D G R A S S
L N D E P E L S G O M W R L D
K W S O D B B F H S C E B E R
R V E Y A N M H S C Q S E R I
A P A T H S U A Y A A O C R B
N U K Z J P W O W S A N U I Q
G F J D P M O S R G O D E U L
E T V U I T F L N G I S M Q D
R K J C C V I I L Z Y T D S R
H P A K N B E D S E R A E E Z
E U Q L I A L E D E N T L V B
D G R Q C L D G E O N U B P G
C I J Q J L Q S L O Z E Y T K
```

BALL

BARBECUE

BENCH

BIRDS

COURT

DOG

DUCK

FIELD

GRASS

LAKE

PATHS

PEOPLE

PICNIC

PLAYGROUND

POLLEN

RANGER

SAND

SIGN

SLIDE

SQUIRRELS

STATUE

TABLE

TRASH CAN

TREES

AT THE CINEMA

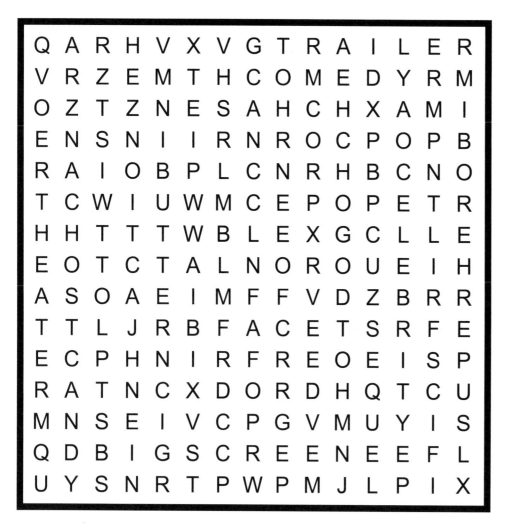

```
Q A R H V X V G T R A I L E R
V R Z E M T H C O M E D Y R M
O Z T Z N E S A H C H X A M I
E N S N I I R N R O C P O P B
R A I O B P L C N R H B C N O
T C W I U W M C E P O P E T R
H H T T T W B L E X G C L L E
E O T C T A L N O R O U E I H
A S O A E I M F F V D Z B R R
T T L J R B F A C E T S R F E
E C P H N I R F R E O E I S P
R A T N C X D O R D H Q T C U
M N S E I V C P G V M U Y I S
Q D B I G S C R E E N E E F L
U Y S N R T P W P M J L P I X
```

ACTION	DRAMA	RECLINER
BIG SCREEN	HOT DOG	SCI-FI
BOX OFFICE	IMAX	SCORE
BUTTER	NACHOS	SEQUEL
CANDY	PIZZA	SUPERHERO
CELEBRITY	PLOT TWIST	THEATER
CHASE	POPCORN	THRILLER
COMEDY	PRETZEL	TRAILER

SUSHI ROLLS

```
T N O G A R D F U T O M A K I
E E O S P I C Y T U N A O E P
M D F I F Y N F V O O R D R Y
P L Z X H Y N R N X B L A I H
U O P F G C Y R O A F H C F K
R G G R G S N R A F K P O I V
A E E Y A Z E U I I I S V W O
B N M T O G J I R N N L A C L
E V N M I U B L K C H B A L C
L A V T U H G L B A E V O C A
F V L E D S A O M R Y R J W N
G N I K T D S Q K R O I L T O
O S I B Y T B B L U E C R A B
V S X K O R E D I P S H K E H
J D Y N A M I T E X A S D Y T
```

Let the good
times roll.

ALASKAN	ENERGY	ROCKY
AVOCADO	FANTASY	SPICY TUNA
BLUE CRAB	FIRE	SPIDER
BOSTON	FUTOMAKI	SUMMER
CALIFORNIA	GOLDEN	TEMPURA
CRUNCH	KING	TERIYAKI
DRAGON	PINK LADY	TIGER
DYNAMITE	RAINBOW	VOLCANO

GARDENING

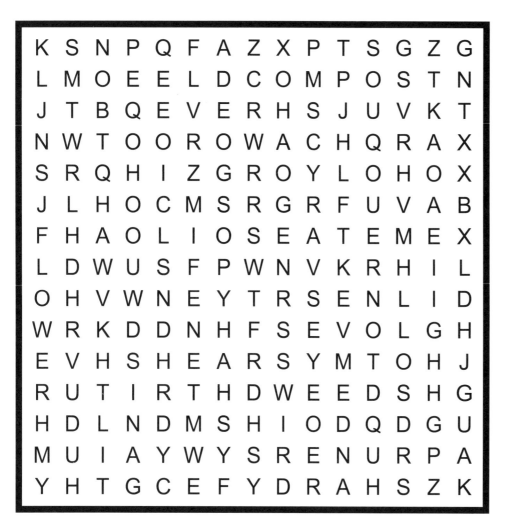

```
K S N P Q F A Z X P T S G Z G
L M O E E L D C O M P O S T N
J T B Q E V E R H S J U V K T
N W T O O R O W A C H Q R A X
S R Q H I Z G R O Y L O H O X
J L H O C M S R G R F U V A B
F H A O L I O S E A T E M E X
L D W U S F P W N V K R H I L
O H V W N E Y T R S E N L I D
W R K D D N H F S E V O L G H
E V H S H E A R S Y M T O H J
R U T I R T H D W E E D S H G
H D L N D M S H I O D Q D G U
M U I A Y W Y S R E N U R P A
Y H T G C E F Y D R A H S Z K
```

ANNUALS

ANTHER

COMPOST

DIG

EVERGREEN

FLOWER

FORK

GLOVES

GROVE

HARDY

HAT

HOSE

MOW

MULCH

POT

PRUNERS

ROOT

SHEARS

SHOVEL

SOIL

TILTH

TROWEL

WEEDS

YARD

WINE TASTING

```
D L O H P U K C H E E S E P N
E C E L L A R J E W F E L O G
G F T Y O Y T H Y F G E E R O
A G S P B F A T I S M J Z T Q
Z F S E A N I N L K P L S I P
Z L S I R U S F N R R V H K K
K O S T R D P E Z O I S A Y P
R R N F E D S N I F D W X M L
O A A X L E E I T X G R S Z B
C L E C S M T V Y A T T A S D
L U R L L G O Z M R N E I H Y
Z D A Z L M N X U O E T E L C
I R T L Y X C W D M X N I W T
D Y O S P I C Y C A Q Q I X S
O O R B A L A N C E D L H W E
```

SIP back and relax.

AERATOR	CORK	SIP
AGED	DRY	SNIFF
AROMA	FLORAL	SPICY
BALANCED	FRUITY	SWEET
BARRELS	NOTES	SWIRL
CELLAR	OAK	TILT
CHARDONNAY	PORT	VINE
CHEESE	ROSÉ	WINERY

SUMMER APPAREL

```
O D S S E R D I X A M G K Y P
L L I C Q N G T U S H O R T S
N G O U Q T A J U N A T F A C
A D L P R H H N J Q L E I R A
B I K I N I D J X Z T D N K F
Q O H U K R V N U A E D N A B
W S S Q E C T C A I R M T X B
T P L S N R E D U N C R O C S
R O S I V E J N S L A D N A S
S L L A R E V O V K O D D J L
H F P U R E V O C C N T N K S
T P C A M I S O L E I U T A O
M I N I S K I R T R S T R E B
M L B G G C A R G O P A N T S
O F S Y S T N A P N E N I L L
```

"Some of the best memories are made in flip flops."
Kellie Elmore

BANDANA	CULOTTES	SANDALS
BANDEAU	FLIP FLOPS	SHORTS
BIKINI	HALTER	SUN HAT
CAFTAN	LINEN PANTS	SUNDRESS
CAMISOLE	MAXI DRESS	TRUNKS
CARGO PANTS	MINISKIRT	T-SHIRT
COVERUP	OVERALLS	VISOR
CROCS	POLO	V-NECK

BALLGAME SNACKS

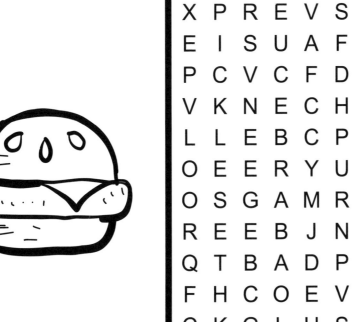

```
L E M O N A D E O V S L B M I
S T U N A E P C D O E U K R C
X P R E V S O C R Z B C J E E
E I S U A F B R T B R F O D C
P C V C F D U E L A W T Y V R
V K N E C H R E C I A C D I E
L L E B C P G K C A T H N N A
O E E R Y U E O Z V E I A E M
O S G A M R R Z S C R L C S C
R E E B J N I A H F R I E S O
Q T B A D P W I D N F D D O N
F H C O E V P Y B O H O J H E
C K G L U S Z H O O S G I C F
S U B R A T W U R S T B J A W
F W A Z W I N H O T D O G N N
```

BARBECUE

BEER

BRATWURST

BUBBLE GUM

BURGER

CANDY

CHILI DOG

CHIPS

CHURROS

COFFEE

CORN DOG

CRACKER JACKS

FRIES

HOT DOG

ICE-CREAM CONE

LEMONADE

NACHOS

PEANUTS

PICKLES

PIZZA

PRETZEL

RED VINES

SODA

WATER

LOUNGE AROUND

B Z X X U P W M K K D N E L H
Z J R J W X U R J B A Y A G O
M O L M H S P T I P E N J U B
E C K K I D A N E T R Z I N U
D O K C A K G E B U E Q H P B
I M D Y E E L V O F A K Z L B
T F Q O W S S J X A L E R U L
A Y U A C F S U I A H R L G E
T T T P B A Q L W T I M E K B
E C A E M E T F A R C U A S A
H I E A G H U B W U Q B Q G T
I O J B R N N T E K N A L B H
T A U M X U U L H K C D M A F
P Z S R S V K O X S S M R N X
W U G N Q V V J L A F O S Y K

I need summer
to be longer
so I have more
time to do
nothing.

BAKE	LAUNDRY	REST
BINGE WATCH	LOUNGE	SLEEP
BLANKET	MEDITATE	SOFA
BUBBLE BATH	MUSIC	SUNBATHE
COMFY	NAP	TAKEOUT
CRAFT	PAJAMAS	UNPLUG
EAT	READ	WALK
JOURNAL	RELAX	WRITE

```
D Y C E V I C H E O D W M A M
I T U P A P H O N E Y D E W E
A U C E D S I U Z L Q Z E C H
L N U P A A O N A G L S I C L
O O M P L N C J E Y J D N E R
O C B E O G U S L A E U M R P
K O E R C R S T E V P O F E P
E C R M A I L I A R N P L W E
S I A I N A U H C A F U L A A
E I H N I U S J D E J A A E C
Z U S T P S H E N T W T U F H
E H L A O V I A N E P A M G Y
E T N J O O E I I C E D T E A
R W A T E R M E L O N R Y E K
B F A C E M A S K E H J G V R
```

AGUA FRESCA

BREEZE

CEVICHE

COCONUT

CUCUMBER

FACE MASK

GREEN JUICE

HONEYDEW

ICE WATER

ICED TEA

KOOL-AID

LEMONADE

MINT JULEP

OASIS

PEACH

PEPPERMINT

PIÑA COLADA

PINEAPPLE

PUNCH

SANGRIA

SHAVED ICE

SLUSHIE

SMOOTHIE

WATERMELON

CABIN GETAWAY

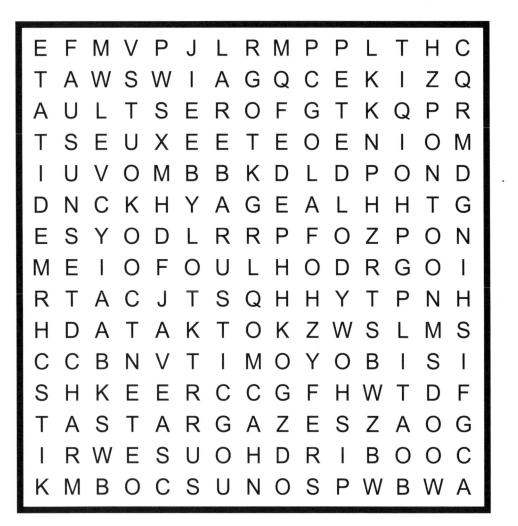

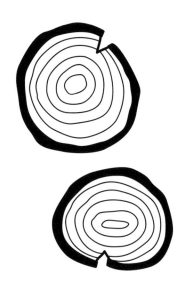

E F M V P J L R M P P L T H C
T A W S W I A G Q C E K I Z Q
A U L T S E R O F G T K Q P R
T S E U X E E T E O E N I O M
I U V O M B B K D L D P O N D
D N C K H Y A G E A L H H T G
E S Y O D L R R P F O Z P O N
M E I O F O U L H O D R G O I
R T A C J T S Q H H Y T P N H
H D A T A K T O K Z W S L M S
C C B N V T I M O Y O B I S I
S H K E E R C C G F H W T D F
T A S T A R G A Z E S Z A O G
I R W E S U O H D R I B O O C
K M B O C S U N O S P W B W A

ATV	FISHING	POND
BEAR	FOREST	PONTOON
BIRDHOUSE	HIKE	ROAD TRIP
BOAT	KITSCH	RUSTIC
CHARM	LAKE	STARGAZE
COOKOUT	LOG	SUNSET
COZY	MEDITATE	SWIM
CREEK	NATURE	WOODS

SUMMER __

```
D P W B E P A T C L M T E Q V
X A B R S T S O C A G E M I T
H A Y E U A O U J H M T P O L
S I A A O E L R A H T P U S C
A U L K H H S O L Y M P I C S
U E Q L Q Q T R P W J B N D Y
S B C X U O I O F A C D T W H
A I R A J Q C S E M A G H S H
G S S E L O E E N J X F E B G
E H C N E A B I A S K W C L A
L A B H I Z P V A C A T I O N
N I A R O G E N B Z C P T O Z
E V O L F O H M A F G P Y M R
F U G O E D L T T S R A N S K
X Y P P K Y B Z S Y E Y U X N
```

"Live in the sunshine, swim in the sea, drink in the wild air."

Ralph Waldo Emerson

BLOOMS

BREAK

BREEZE

CAMP

DAY

GAMES

HEAT

HILL

HOUSE

IN THE CITY

JOB

NIGHTS

OF LOVE

OLYMPICS

PALACE

RAIN

ROSE

SAUSAGE

SCHOOL

SOLSTICE

SQUASH

TIME

TOUR

VACATION

```
D E L S S G A R K H E V R O H
B X U J A E E L K C Y L S N G
J V X C A N C U N U O L I E R
G A I K M C T E U N L S R R U
N P N E V I R A D A G A A Y B
F P E F L O F O F J C N P F N
E M O R L R N A K E Q F Q T I
E C H F N L R C A E S R B C D
S D P W N A P A P L E A H P E
A Y W P G N T U O I D N C I B
N M D A P D U H L T O C I P O
J Q I N V O L Y E D N I N O S
U N H A E V U T I N A S U I T
A U H T M Y M U I G S C M P O
N S A E L I A W U R B O Q U N
```

Vacation mode: on!

ATHENS	MUNICH	ROME
BOSTON	NAPA	SAN FRANCISCO
CANCÚN	NIAGARA FALLS	SAN JUAN
EDINBURGH	ORLANDO	SANTA FE
FLORENCE	PARIS	SEDONA
KAPOLEI	PHOENIX	SYDNEY
LONDON	POIPU	TULUM
MIAMI	RENO	WAILEA

GRADUATION

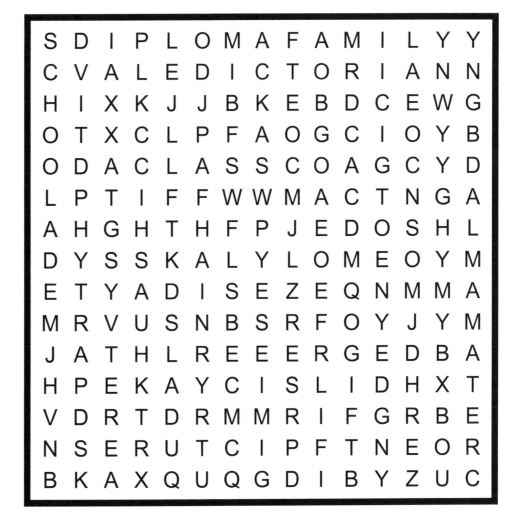

```
S D I P L O M A F A M I L Y Y
C V A L E D I C T O R I A N N
H I X K J J B K E B D C E W G
O T X C L P F A O G C I O Y B
O D A C L A S S C O A G C Y D
L P T I F F W W M A C T N G A
A H G H T H F P J E D O S H L
D Y S S K A L Y L O M E O Y M
E T Y A D I S E Z E Q N M M A
M R V U S N B S R F O Y J Y M
J A T H L R E E E R G E D B A
H P E K A Y C I S L I D H X T
V D R T D R M M R I F G R B E
N S E R U T C I P F T N E O R
B K A X Q U Q G D I B Y Z U C
```

ACADEMY	DEGREE	PARTY
ACCOMPLISHED	DIPLOMA	PICTURES
ALMA MATER	FAMILY	SASH
CAP	FRIENDS	SCHOOL
CELEBRATE	GIFT	STAGE
CEREMONY	GOWN	TASSEL
CLASS	HONORS	VALEDICTORIAN
CORD	MEDAL	WALK

DESERT PLANTS

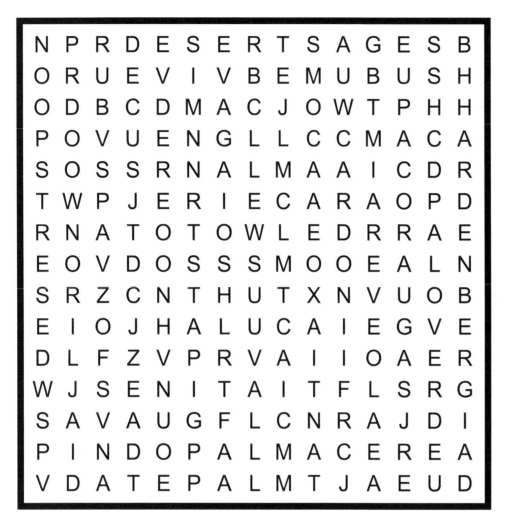

```
N P R D E S E R T S A G E S B
O R U E V I V B E M U B U S H
O D B C D M A C J O W T P H H
P O V U E N G L L C C M A C A
S O S S R N A L M A A I C D R
T W P J E R I E C A R A O P D
R N A T O T O W L E D R R A E
E O V D O S S M O O E A L E N
S R Z C N T H U T X N V U O B
E I O J H A L U C A I E G V E
D L F Z V P R V A I I O A E R
W J S E N I T A I T F L S R G
S A V A U G F L C N R A J D I
P I N D O P A L M A C E R E A
V D A T E P A L M T J A E U D
```

AGAVE	EMU BUSH	OLEANDER
ALOE VERA	FICUS	PALO VERDE
BURRO'S TAIL	GUAVA	PINDO PALM
CACTUS	HARDENBERGIA	PLUMERIA
CARDON	IRONWOOD	SAGUARO
DATE PALM	JACARANDA	SENITA
DESERT SAGE	JOSHUA TREE	VINCA
DESERT SPOON	OCOTILLO	WINECUP

SUMMER PLAYLIST

```
G E T L U C K Y D M M V J I T
V A C A T I O N R Q N S T A Q
S O A K U P T H E S U N O R B
S U R F I N U S A M S B B G O
S U M M E R T I M E E H O W H
G O O D T I M E S H H G Y A E
J S P I H S R A T S T V S F A
W I P E O U T K L S N A O F T
F M S U R F C I T Y I M F U W
T U O S L O O H C S D A S T A
N O O N R E T F A Y N N U S V
T T T K O K O M O Y A A M T E
M I S E R L O U S N L P M O T
P E A C H E S A Y R S Y E H S
H O T I N H E R R E I D R W P
```

"In summer, the song sings itself."

William Carlos Williams

BOYS OF SUMMER

DREAMS

EASY

GET LUCKY

GOOD TIMES

HEAT WAVE

HOT IN HERRE

HOT STUFF

ISLAND IN THE SUN

KOKOMO

MISERLOU

PANAMA

PEACHES

ROCK THE BOAT

SCHOOL'S OUT

SOAK UP THE SUN

STARSHIPS

SUMMER

SUMMERTIME

SUNNY AFTERNOON

SURF CITY

SURFIN' USA

VACATION

WIPEOUT

GAME NIGHT

C	B	A	C	K	G	A	M	M	O	N	K	Q	R	S
J	A	O	P	E	R	A	T	I	O	N	Q	S	Z	V
O	E	T	B	A	G	D	A	M	S	C	L	E	I	D
H	K	N	A	T	O	L	E	M	A	C	T	U	C	R
W	N	M	G	N	I	L	M	A	N	C	A	L	A	K
S	O	E	E	A	B	L	N	Q	T	L	V	C	N	P
S	U	Q	K	U	S	T	R	A	T	E	G	O	D	I
E	O	J	O	O	K	M	O	N	O	P	O	L	Y	H
U	E	R	U	O	F	T	C	E	N	N	O	C	L	S
G	T	Z	S	C	R	A	B	B	L	E	X	Y	A	E
M	A	S	T	E	R	M	I	N	D	X	I	R	N	L
K	F	W	C	H	E	C	K	E	R	S	O	R	D	T
L	Q	X	E	R	A	I	C	H	E	S	S	O	R	T
S	O	P	P	I	H	Y	R	G	N	U	H	S	D	A
X	Y	I	Q	Y	M	O	U	S	E	T	R	A	P	B

BACKGAMMON	CONNECT FOUR	MOUSE TRAP
BATTLESHIP	GUESS WHO	OPERATION
CAMELOT	HUNGRY HIPPOS	RISK
CANDY LAND	JENGA	SCRABBLE
CATAN	MAD GAB	SORRY
CHECKERS	MANCALA	STRATEGO
CHESS	MASTERMIND	TROUBLE
CLUE	MONOPOLY	YAHTZEE

```
P W L S W E L L P Y R U Z T P
R J N N D N P B T I R T E M T
V L L U L X X O C S L K A C S
B V C A R V E K Z L C R M U E
U Y J Y K U J N P O R D M T R
H L Z Q T A H D P T U V O B C
A M D I V D E P R T J H H A O
N P P M F C W R F E S O R C U
G K I C K O U T B D C T A K W
T B W Y D C N U R T L G I Y Z
E M A S U I R O S L N B L C T
N P X R M I E E F L S I S J K
B E L S R W D P E A E Y O L D
N A P T Y E R I P T I D E P K
R K L Z A C L W Q S Z T W M X
```

Life's a wave, catch it

BARREL	KICK OUT	RAMP
CARVE	LIP	RIPTIDE
CREST	LULL	SLOTTED
CURL	PEAK	STALL
CUTBACK	PIT	STICK
DECK	POCKET	SWELL
DROP	POINTBREAK	WAX
HANG TEN	RAILS	WIPEOUT

HOPPY HOUR

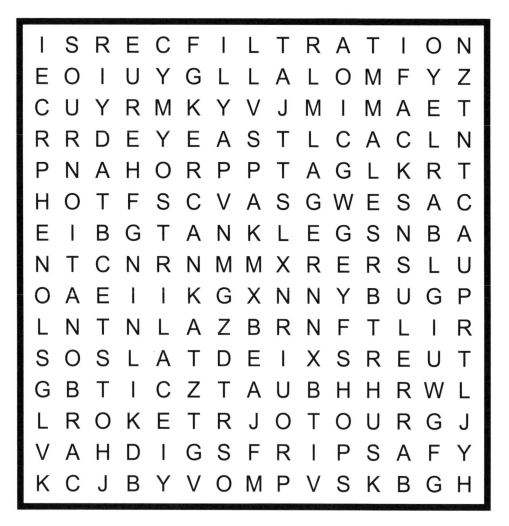

```
I S R E C F I L T R A T I O N
E O I U Y G L L A L O M F Y Z
C U Y R M K Y V J M I M A E T
R R D E Y E A S T L C A C L N
P N A H O R P P T A G L K R T
H O T F S C V A S G W E S A C
E I B G T A N K L E G S N B A
N T C N R N M M X R E R S L U
O A E I I K G X N N Y B U G P
L N T N L A Z B R N F T L I R
S O S L A T D E I X S R E U T
G B T I C Z T A U B H H R W L
L R O K E T R J O T O U R G J
V A H D I G S F R I P S A F Y
K C J B Y V O M P V S K B G H
```

Live every hour like it's happy hour!

ALE	DRY	LACE
BARLEY	FILTRATION	LAGER
BARREL	GRAINY	MALT
BITTERNESS	GRUIT	MASH
BODY	HOPS	PHENOLS
CARBONATION	HUSK	SOUR
CASK	KEG	TANNINS
CRAFT	KILNING	YEAST

AT THE AQUARIUM

```
A U T S E A O T T E R P F L A
E C Z E S Z G P O H S T F I G
S H R I M P G W P E N G U I N
D H S I F Y L L E J G L O L K
C R A B E W M T I B I H X E Q
V D Q B O W A L K I N G L E W
M E O H I U L G O C J P K E R
A N S L E T L L A R O C N C
N O P R P U A Y U D G X T O T
T I D F O H S T W G N L X O U
A L W H C H I N N P A L M G R
R A F R O Q A N Y G T E W A T
A E V U K M L E R U O T S L L
Y S I K A E C O S Y S T E M E
S E A A N E M O N E L P D B W
```

CORAL	JELLYFISH	SEA HORSE
CRAB	KELP	SEA LION
DOLPHIN	LAGOON	SEA OTTER
ECOSYSTEM	MANTA RAY	SHOW
EEL	PENGUIN	SHRIMP
EXHIBIT	SEA	TOUR
GIFT SHOP	SEA ANEMONE	TURTLE
HABITAT	SEAGULL	WALKING

SCHOOL'S OUT

```
G W T N U H R E G N E V A C S
E C A R T R A K O G K Y D M M
K S A A E S G A M G N L V R X
K T T I C L A V U R M I E E B
A B P R Y E M U S E U M N T U
E S A C O E E Q I A V A T A I
R Z D K B P S A C D X F U E L
B V E N E I S M J I D J R H D
P M A C E N K Y F N T T E T A
W P D C U I N E A G B K Y N R
K A G X A T R U R L P Z Z M O
R T M L M T I F O I P I O C B
E X P L O R I N G S D E R O O
S U M M E R J O B T Z E X T T
S H O P P I N G N M F S K M C
```

Summer fun
has just begun.

ADVENTURE	FRIENDS	SCAVENGER HUNT
BAKE	GAMES	SHOPPING
BIKE RIDE	GO-KART RACE	SLEEP IN
BREAK	MUSEUM	SUMMER JOB
BUILD A ROBOT	MUSIC	THEATER
CAMP	PIER	TRIP
EXPLORING	PLAY SPORTS	VACATION
FAMILY	READING LIST	ZOO

WORDS THAT MEAN HOT

```
R C K I E Y C J P M G G I C Q
E P Q S M J R G S G N W Y T V
G N I L Z Z I S X I I G A K D
X N A P E P P E R Y T N U R Z
G B I S I I C E I O S I P S M
N D U N T N E R J A M H G D
I D E A R S G R U I O A W N T
L J T C I U I T O X R L C I S
I S W L I D B I T P F F W K U
O U B B D P B L A Z I N G A M
B L J Q R E S W R C E C H B M
P T A U D K T I G J R A A I E
F R G N I D L A C S Y O R L R
V Y K S W E L T E R I N G D Y
Y C I P S P A R C H I N G A N
```

BAKING	HEATED	SPICED
BALMY	PARCHING	SPICY
BLAZING	PEPPERY	SULTRY
BLISTERING	PIPING	SUMMERY
BOILING	ROASTING	SWELTERING
BURNING	SCALDING	TORRID
FIERY	SHARP	TROPICAL
FLAMING	SIZZLING	WARM

NAUTICAL TERMS

Getting some
Vitamin SEA!

AFTER	FALL	PORT
BEAM	FORECASTLE	SHIP
BELOW	FREEBOARD	SOS
BOAT	GALLEY	STEERAGE
BOW	HEAD	STERN
BRIDGE	LADDER	TACKLE
BULWARK	LIST	THWART
DECK	MESS	WINGS

TRAVEL

```
P A S S P O R T J G Q D V N A
O R A I L M B H Y B E T U O R
S E B W O U I T R R E U O I H
T R I P S G E C H R I Y N T Z
B A C K H R T L U O T O Z A L
E W Y W A D A T H E I O L T M
S X A G S V N G K T F A U S N
I Y G T I E N C A C N W G R T
U E O R V I I N U D O R G U R
R P R D K T I R M L H I A B A
C A A C F T R A L V O H G B I
I S A F S E R I Z F T V E B N
W P H E N K P A S S E N G E R
J U D C S S C W H V L X J Z O
H X Y T R O P R I A J F U W I
```

ADVENTURE	HIGHWAY	RAIL
AIRPORT	HOTEL	ROUTE
ARRIVAL	LANDMARKS	STATION
BUS	LUGGAGE	STOP
CAB	PACKING	TICKET
CRUISE	PASSENGER	TOUR
CURRENCY	PASSPORT	TRAIN
DESTINATION	PILLOW	TRIP

ON A CRUISE

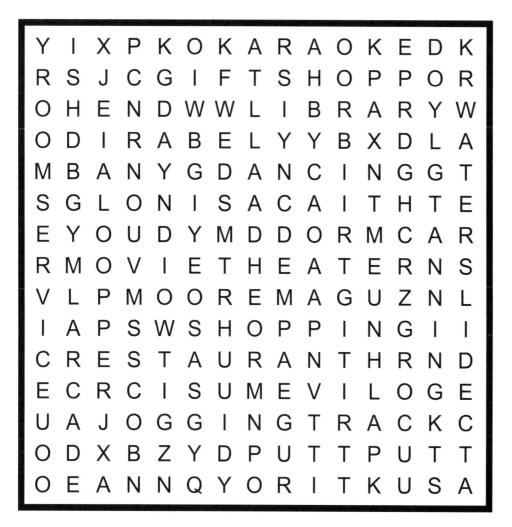

```
Y I X P K O K A R A O K E D K
R S J C G I F T S H O P P O R
O H E N D W W L I B R A R Y W
O D I R A B E L Y Y B X D L A
M B A N Y G D A N C I N G G T
S G L O N I S A C A I T H T E
E Y O U D Y M D D O R M C A R
R M O V I E T H E A T E R N S
V L P M O O R E M A G U Z N L
I A P S W S H O P P I N G I I
C R E S T A U R A N T H R N D
E C R C I S U M E V I L O G E
U A J O G G I N G T R A C K C
O D X B Z Y D P U T T P U T T
O E A N N Q Y O R I T K U S A
```

Don't get TIDE down.

ARCADE	GIFT SHOP	POOL
ART	GYM	PUTT PUTT
BAR	JOGGING TRACK	RESTAURANT
BINGO	KARAOKE	ROOM SERVICE
CASINO	LIBRARY	SHOPPING
DANCING	LIVE MUSIC	SPA
DECK	LOUNGE	TANNING
GAME ROOM	MOVIE THEATER	WATERSLIDE

SUMMER IN THE CITY

```
S R X R O O F T O P B A R N I
C T E Y Y I B Q S F U A W F X
S B R E D I R R E T O O C S A
U B R E W E R Y U Z T V O D T
B D I B E R X A M N Q E M K S
A B A E D T F C W N C X E C E
R O F O T W P O Q Z J H D U K
H A G R Q A D E Y O F I Y R O
O T A T X X K A R P Q B S T A
P T Y E C L W S U F J I H D R
B O Y M A B P I N M O T O O A
O U H W U M U S E U M R W O K
Q R T S G A L L E R Y S M F C
B R O A D W A Y S H O W T E Y
A C O N C E R T B U L C I T R
```

ART WALK	CONCERT	MUSEUM
BAR HOP	DOWNTOWN	ROOFTOP BAR
BOAT TOUR	EXHIBIT	SCOOTER RIDE
BREWERY	FAIR	SKATE
BROADWAY SHOW	FOOD TRUCK	STREET PERFORMER
BRUNCH	GALLERY	SUBWAY
CLUB	KARAOKE	TAXI
COMEDY SHOW	METRO	UBER

BACKPACKING ACROSS EUROPE

Sunset Chaser

ALPS	CULTURE	LOCALS
AMSTERDAM	EURO	TOUR
BACKPACK	EXPLORE	TOURIST
BERLIN	FOOD	TRAIN
BUS	HISTORY	TRAVEL GUIDE
CAMP	JOURNEY	TREK
CANAL	LANDSCAPES	VILLAGE
CASTLE	LISBON	ZURICH

```
P B M O T L L T N A K V S S M
T U E F I L Q I U M K Y L G I
T N E M K X H N S H U J A T F
T N W C Q W B H L T U B N E K
M Y C C N R Y E R Z U A G K I
G A C O R F H A C I A N F N O
M B G I F U O D L I A K A A N
A A V L P A I A T E S H F L R
W Z S O X A L S S R B U C B B
Y X S D T L R U E Y O L M B X
V S F Y E E O T R R W S U H Y
M O T R B H H W Y S M G E T R
P D B M O B O Y S E G D I R O
Q M O Y H N R B R Y R C R I W
U C L L A B T E E R T V O J P
```

Life is best when you're under the SUN.

BALL	COMBER	NUTS
BLANKET	CRUISER	PARTY
BOYS	FRONT	RESORT
BUGGY	HEAD	RIDGE
BUM	HOUSE	SLANG
BUNNY	HUT	TREE
CHAIR	LIFE	UMBRELLA
CITY	MUSIC	WAGON

SOCCER

```
S I C O A K E Z A Y C I R Y O
S S H Z C L V U Y T L A N E P
A T S I C P R G W H I S T L E
P A K H W I M E V A S E Q L A
F E C E O C I D U T E N N O B
D L O A N T D I T R R Q C W V
O C A D A Q F S E N E M I C M
W M C E N H I F F W N N L A W
O A H R M D E F O Y R A E R U
R P U N T R L O R K O T X D Q
L B V S W I D L W G C U N W X
D U P S C B E B A R G L K Z U
C T E O P B R C R W H C T A M
U J F R V L D B D O U L M T V
P C W C W E X C J X H U G U C
```

CLEATS	KICK	REFEREE
COACH	MATCH	SAVE
CORNER	MIDFIELDER	SHOT
CROSS	NET	TEAM
DRIBBLE	OFFSIDE	WALL
FORWARD	PASS	WHISTLE
GOAL	PENALTY	WORLD CUP
HEADER	PUNT	YELLOW CARD

KARAOKE NIGHT

```
Y W N Q V H N S F S P M G Y J
M Q S P F R E D T L T A B E T
I Z K U S J T R A H S O R K F
C Y N O Y X X Y K N G P H T E
R R I I T A L E A T O I R S Y
O T R H T I F C J P B O L B S
P N D E S S K N S M C U N G P
H U T T O S H A C K V B J B E
O O A N Y B B D I L G J U O A
N C G K F I V X R K W D P L K
E S X M C X B Z Y O C S I D E
X S C O R E E G L U A H T I R
D I S N E Y L K F G F F O E S
X H F R S I N G I N G J T S W
U H W N X A F M J B X D Z X T
```

The waves sing the song of the sea.

BEER	KEY	POP
COUNTRY	LIGHTS	ROCK
DANCE	LYRICS	SCORE
DISCO	MICROPHONE	SHOTS
DISNEY	NOTE	SINGING
DRINKS	OLDIES	SNACKS
FUN	PARTY	SONG
HOST	PLAYLIST	SPEAKERS

COCKTAILS

Toes in the sand and a cocktail in hand.

AVIATION

BATIDA

BELLINI

BLACK VELVET

BRAMBLE

BROOKLYN

GIBSON

GIMLET

GROG

JACK ROSE

JULEP

KIR

MAI TAI

MARTINEZ

MIMOSA

MOJITO

NEGRONI

PALOMA

ROB ROY

SANGRIA

SIDECAR

VESPER

WHISKEY SOUR

WHITE RUSSIAN

SUMMER FITNESS

D	P	U	S	H	U	P	S	D	K	S	A	G	C	V
S	E	D	A	L	B	R	E	L	L	O	R	I	Y	U
I	T	A	G	M	B	Q	F	I	A	E	Q	L	C	J
B	Q	R	D	N	M	H	A	R	W	X	F	T	L	W
O	T	N	E	L	I	Y	W	R	S	Q	K	C	I	T
O	H	C	O	T	I	C	G	I	S	I	A	F	N	H
T	U	P	L	H	C	F	N	U	D	R	N	R	G	N
C	A	B	M	U	Z	H	T	A	D	R	L	N	U	O
A	S	F	L	O	G	C	S	I	D	C	H	R	E	H
M	M	A	R	C	O	P	O	L	O	Y	G	G	Q	T
P	C	R	O	S	S	F	I	T	D	N	N	M	B	A
J	U	M	P	R	O	P	E	R	I	I	E	I	C	R
L	G	N	I	K	A	Y	A	K	X	L	K	W	R	A
C	B	Y	O	G	A	T	I	O	L	I	I	S	Q	M
Y	Q	C	F	H	E	B	B	Z	D	W	H	M	B	Z

BIKING	DISC GOLF	ROLLERBLADE
BOOT CAMP	HIKE	RUN
BOXING	HYDRATE	STRETCH
CARDIO	JUMP ROPE	SWIM
CROSSFIT	KAYAKING	TENNIS
CYCLING	MARATHON	WALK
DANCING	MARCO POLO	YOGA
DEADLIFT	PUSH-UPS	ZUMBA

AN EVENING IN ROME

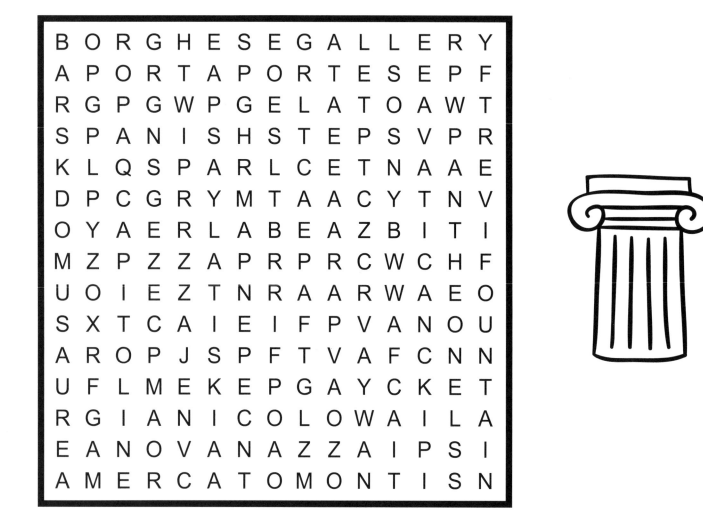

```
B O R G H E S E G A L L E R Y
A P O R T A P O R T E S E P F
R G P G W P G E L A T O A W T
S P A N I S H S T E P S V P R
K L Q S P A R L C E T N A A E
D P C G R Y M T A A C Y T N V
O Y A E R L A B E A Z B I T I
M Z P Z Z A P R P R C W C H F
U O I E Z T N R A A R W A E O
S X T C A I E I F P V A N O U
A R O P J S P F T V A F C N N
U F L M E K E P G A Y C K E T
R G I A N I C O L O W A I L A
E A N O V A N A Z Z A I P S I
A M E R C A T O M O N T I S N
```

ARA PACIS	GIANICOLO	PIAZZA NAVONA
BAR	GRANITA	PIZZA
BORGHESE GALLERY	ITALY	PORTA PORTESE
CAFFÈ	JAZZ	SPANISH STEPS
CAPITOLINE	MERCATO MONTI	TERRACE
CAPRESE	OPERA	TREVI FOUNTAIN
DOMUS AUREA	PANTHEON	VATICAN
GELATO	PASTA	WINE

MELLOW YELLOW

```
P M N C R Y W L D Q I A X J C
I D A O H E K G N T X T K Z U
N R D C M B W C H E A S D B S
E A W K N E F O I N T A A I T
A I C A F C L S L H U P H G A
P N K T N W H L B F C V L B R
P C F I M A I E S T N T I I D
L O W E W D N Y E Y S U A R E
E A M L O E E A C S B U S D B
Y T S F Y N M M B O E P N A U
S D F X O S E A I I Y F M U T
W A B H C L L H C C W B T C T
D C V O O I B P D A E E U O E
D B R N O E F E Z R W S B C R
K N G O L D E N R O D C A Z G
```

Namaste at the beach.

AMBER	DAFFODIL	OIL
BANANA	DAHLIA	PASTA
BIG BIRD	GOLDENROD	PINEAPPLE
BUTTER	HONEY	RAINCOAT
CHICK	LEMON	SUN
COCKATIEL	MAC N' CHEESE	SUNFLOWER
CORN	MACAW	TAXI
CUSTARD	MELON	TUBA

SUMMER READING

```
S  S  I  I  O  R  M  N  D  L  Y  I  V  V  X
M  N  A  A  E  F  Y  S  U  H  K  A  V  E  E
O  U  E  L  N  C  Q  D  M  A  S  N  D  T  Z
Q  G  L  K  I  A  Q  T  Y  D  V  E  L  N  O
W  I  U  X  C  N  Z  U  L  F  E  T  A  O  A
M  Z  Y  H  Z  I  G  G  L  N  Y  S  R  R  N
N  Y  R  S  K  N  D  E  O  O  O  U  E  B  G
E  E  Q  I  M  T  G  N  R  T  T  A  G  V  E
I  L  O  W  E  O  P  N  R  L  S  C  Z  V  L
K  L  J  E  L  R  V  O  A  I  O  L  T  X  O
L  E  D  L  I  W  E  V  C  M  D  E  I  Y  U
O  H  Z  T  O  E  F  L  O  O  W  P  F  O  I
T  S  V  R  T  L  K  L  O  B  Y  E  A  T  S
N  I  A  W  T  L  S  T  E  I  N  B  E  C  K
E  Y  E  R  A  E  P  S  E  K  A  H  S  O  G
```

"One benefit of summer was that each day we had more light to read by."

Jeanette Walls

ANGELOU	FITZGERALD	SHELLEY
AUSTEN	HUGO	STEINBECK
BRONTË	LEWIS	TOLKIEN
CARROLL	MILLER	TWAIN
DAHL	MILTON	VONNEGUT
DICKENS	ORWELL	WILDE
DOSTOYEVSKY	SALINGER	WOOLF
ELIOT	SHAKESPEARE	YEATS

```
H T T X N O D R A P R O H N V
C Y V Z N H J E N O N F Z O B
V N B R P O B S U N L U A L B
R O B P U Y I C B L U T H E T
N I J Z Z N P T U E M R O M D
O P M F U N N T F W G L E N V
K M C O E P U K X P J U M R N
L A S Q V D T I U J J Y N V O
H H T N U H S N O U J P Y D I
U C E X P L O S I O N T N B N
R S P U N E C O L V Q O G B I
V E S M N M M P E B N L G L P
D L O U H O W R A N J B E O O
W L N J Z N J T A C O N F P U
H H F J R T B C C W O D B C Y
```

Girls just want to have **SUN**.

BEGUN

BUN

CANNON

CHAMPION

DONE

EXPLOSION

FUN

HUN

ION

LEMON

MELON

NONE

NUN

ONE

OPINION

PARDON

PUN

RERUN

RUN

SHUN

SPUN

STEPSON

STUN

TON

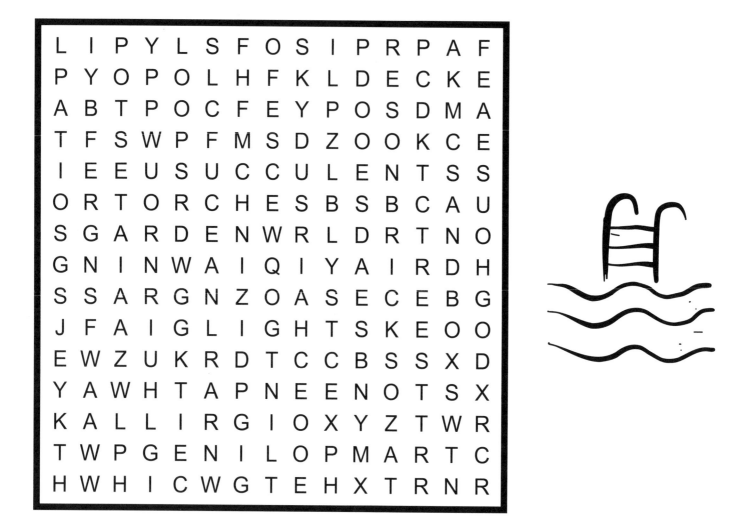

```
L I P Y L S F O S I P R P A F
P Y O P O L H F K L D E C K E
A B T P O C F E Y P O S D M A
T F S W P F M S D Z O O K C E
I E E U S U C C U L E N T S S
O R T O R C H E S B S B C A U
S G A R D E N W R L D R T N O
G N I N W A I Q I Y A I R D H
S S A R G N Z O A S E C E B G
J F A I G L I G H T S K E O O
E W Z U K R D T C C B S S X D
Y A W H T A P N E E N O T S X
K A L L I R G I O X Y Z T W R
T W P G E N I L O P M A R T C
H W H I C W G T E H X T R N R
```

AWNING	GRILL	SHED
BRICKS	LIGHTS	STONE
CHAIRS	PATHWAY	SUCCULENTS
DECK	PATIO	SWING
DOGHOUSE	POND	TOOLS
FLOWERS	POOL	TORCHES
GARDEN	POTS	TRAMPOLINE
GRASS	SANDBOX	TREES

RESORT LIFE

```
W S G R G R G T R Q W D E L S
J T E A N O A A E Y G T Z O E
L F I B C L B B L L T I E O L
O A A E O I B D K L A L F P T
U R N C N V N A I C I V G Y T
N C F I C E U W L I A R C T O
G D M U I B D A N C I N G I B
E N G J E A U S E Q O I S N R
F A O V R N U C S G F N R I E
C S Q O G D R L X T A O Y F T
A T M S E R E K S A B S K N A
B R F S A W L H S E P U S I W
A A E J O U O E F A C Y T A Y
N R E T C P N K A R A O K E M
A E N T E R T A I N M E N T G
```

Life's a beach, so enjoy the waves.

ARTS AND CRAFTS

BALCONY

CABANA

CAFÉ

CONCIERGE

DANCING

ENTERTAINMENT

FEE

GIFT SHOP

GRILL

INFINITY POOL

JUICE BAR

KARAOKE

LIVE BAND

LOUNGE

MASSAGE

MINI-BAR

ROBE

SAUNA

SNACK BAR

SPA

TOWELS

VALET

WATER BOTTLES

FIREWORKS

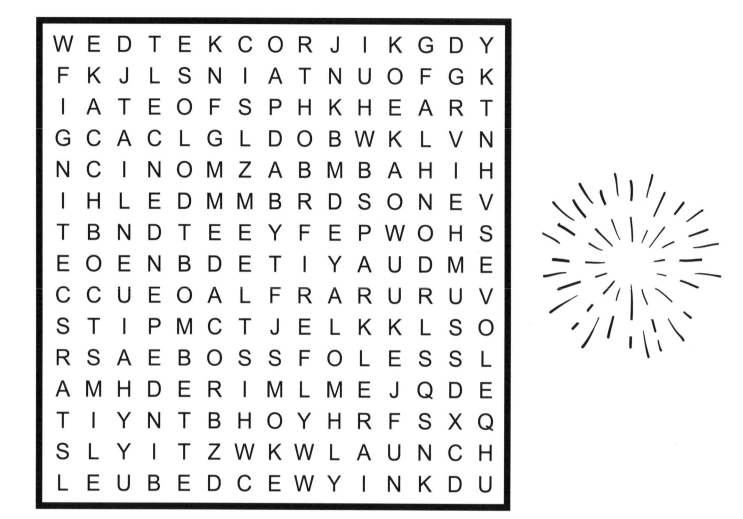

```
W E D T E K C O R J I K G D Y
F K J L S N I A T N U O F G K
I A T E O F S P H K H E A R T
G C A C L G L D O B W K L V N
N C I N O M Z A B M B A H I H
I H L E D M M B R D S O N E V
T B N D T E E Y F E P W O H S
E O E N B D E T I Y A U D M E
C C U E O A L F R A R U R U V
S T I P M C T J E L K K L S O
R S A E B O S S F O L E S S L
A M H D E R I M L M E J Q D E
T I Y N T B H O Y H R F S X Q
S L Y I T Z W K W L A U N C H
L E U B E D C E W Y I N K D U
```

BOMBETTE
BOOM
BROCADE
CAKE
COMET
CONE
FIREFLY
FLARE

FOUNTAIN
GOLD
HEART
IGNITE
INDEPENDENCE
LAUNCH
LOVE
ROCKET

SHOW
SMILE
SMOKE
SPARKLER
STARS
TAIL
WHEEL
WHISTLE

DATE NIGHT

My favorite place to be is anyplace by the sea.

APPETIZER	DANCING	MOVIE
BEACH	DINNER	MUSIC
CANDLES	DRIVE	RESTAURANT
CHAMPAGNE	FLOWERS	ROMANCE
CHEESE	FONDUE	ROSES
CHOCOLATE	GAMES	SMILE
CONVERSATION	KISS	WALK
COOK	MINI GOLF	WINE

GRILL CHECKLIST

```
R  L  L  I  G  H  T  E  R  R  D  Y  T  L  F
E  A  I  D  T  O  N  G  S  Z  G  T  Q  Y  R
T  K  L  O  C  B  M  K  E  R  O  S  E  N  E
E  Y  J  O  L  H  R  D  L  Y  F  K  B  F  T
M  G  P  W  K  T  A  U  Z  V  I  E  Y  O  R
O  H  N  F  O  R  K  R  S  V  R  W  A  I  A
M  V  E  W  A  L  D  D  C  H  E  E  R  L  T
R  Y  E  T  T  L  A  P  R  O  N  R  T  E  S
E  L  O  L  A  I  A  H  J  S  A  S  I  N  Y
H  X  K  C  A  R  G  L  M  Q  E  L  N  A  E
T  L  A  O  O  G  G  L  U  F  O  N  D  P  N
R  E  H  S  I  U  G  N  I  T  X  E  E  O  M
E  V  O  L  G  F  P  N  I  P  A  F  R  R  I
I  L  R  O  M  Q  K  I  V  R  M  P  O  P  H
M  F  N  R  J  A  C  S  N  Y  C  Y  S  Q  C
```

Hanging with my GRILL-friends.

APRON	GLOVE	RACK
BRUSH	GRATE	SKEWERS
CHARCOAL	GRILL	SPATULA
CHIMNEY STARTER	KEROSENE	THERMOMETER
EXTINGUISHER	KNIFE	TINDER
FIRE	LIGHTER	TONGS
FOIL	OIL	TOWEL
FORK	PROPANE	WOOD

NATURE WALK

```
E X T U A S R L E R R I U Q S
K I R Y U E O A W G P I Z R S
A M A S E N H A B I T A T U E
N L C D T N P S K R U M K K N
S I K R W O E L C I N K E E T
F A D A M V O E U Y N E R L I
T R D R F I S B R G R U W M W
F T M T O I S A G C T Q W N W
Z I P Z R M L X Y N S L B Y K
Z G R N E O Y K E Z I N A S B
B X U S S P X V M S B K U K A
G S N I T V D G L L K D I S E
S M J S S A P M O C U C X H F
E S E Q U O I A O J Q A O W A
S W O R R U B D S D R I B R T
```

ADVENTURE

BIRDS

BURROWS

COMPASS

CREEK

DAWN

DEER

DUSK

FIRST AID

FOREST

HABITAT

HIKING BOOTS

LAKE

ROCKS

SEQUOIA

SNAKE

SOAK IN

SQUIRREL

SUNRISE

SUNSCREEN

TRACK

TRAIL MIX

UNPLUG

WITNESS

```
D R I N K P A D P O M P O M S
Q R E F E A T H E R S C S O C
U B M P T Q V W U D E H C D D
F S G A A N U H J F G E I P R
D I E L R P I Y A R N N S O A
P M O Q I K E A M W F I S D O
S A I E U T E U P H W L O G B
D O L U I I T R S D A L R E D
A F P L N Y N E S S E E S X R
E T A G Q M I S R I I S T P A
B F S E C S C L A Y W T F F C
Y A T T H G O O G L Y E Y E S
N R E I A S P M A T S M X L F
O C L H L Z E G N O P S X T R
P L S W K T O O T H P I C K S
```

CARDBOARD	GOOGLY EYES	SCISSORS
CHALK	INK PAD	SEQUINS
CHENILLE STEMS	MARKERS	SPONGE
CLAY	MOD PODGE	STAMPS
CRAFT FOAM	OIL PASTELS	TISSUE PAPER
FEATHERS	PAINT	TOOTHPICKS
FELT	POM POMS	WHITE GLUE
GLITTER	PONY BEADS	YARN

```
Z P Q Y O R O T L E E L F X P
C S H E I K R A Z T S M U V H
R O G W A Z I T A C D L I W O
S E M M B R A R F I N S A N E
U B N E K M Q O G G L W F F N
P Q A K T M P Y T H O N D T I
E C N A E G N E V L E E T S X
R G U O T B G Z S I Z N H A L
M S B Q E I S I B S B O E E Z
A S I A H H K P D V Z D V B P
N O S C O R T U O K M L O E M
H B W O R I O N M I I I Y H O
W E F O Y E M U A B R W A T N
S H G O L I A T H P A T G J T
X T K G X N J N O G E N E B U
```

Say yes to adventure.

ANUBIS

COMET

EL TORO

GOLIATH

GWAZI

INSANE

KUMBA

MAKO

MONTU

ORION

PANTHEON

PHOENIX

PYTHON

SHEIKRA

SIK

STEEL VENGEANCE

SUPERMAN

THE BEAST

THE BOSS

THE VOYAGE

TRIOPS

TROY

WILD ONE

WILDCAT

WATER __

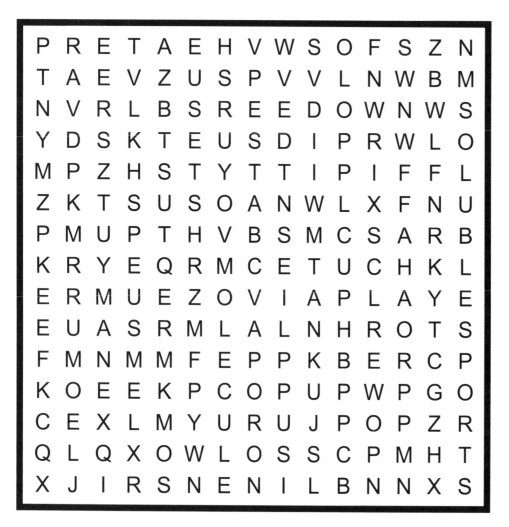

```
P R E T A E H V W S O F S Z N
T A E V Z U S P V V L N W B M
N V R L B S R E E D O W N W S
Y D S K T E U S D I P R W L O
M P Z H S T Y T T I P I F F L
Z K T S U S O A N W L X F N U
P M U P T H V B S M C S A R B
K R Y E Q R M C E T U C H K L
E R M U E Z O V I A P L A Y E
E U A S R M L A L N H R O T S
F M N M M F E P P K B E R C P
K O E E K P C O P U P W P G O
C E X L M Y U R U J P O P Z R
Q L Q X O W L O S S C P M H T
X J I R S N E N I L B N N X S
```

Splashing
good times

BOTTLE	MARK	PUMP
CAN	MELON	SLIDE
COLUMN	MOLECULE	SOLUBLE
CONSERVATION	PARK	SPORTS
DOWN	PLAY	SUPPLIES
HEATER	POLO	SYSTEM
LINE	POWER	TANK
LOSS	PRESSURE	VAPOR

LAWN GAMES

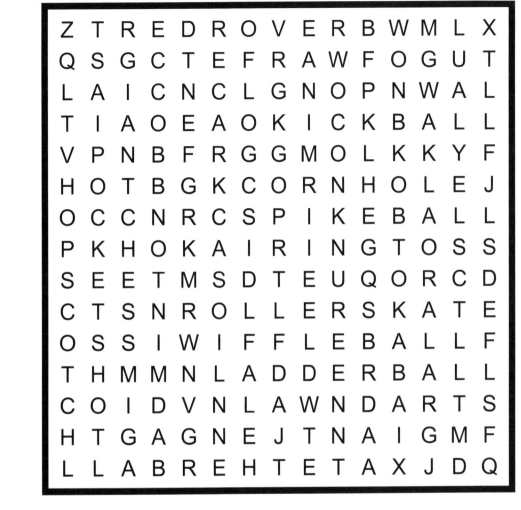

```
Z T R E D R O V E R B W M L X
Q S G C T E F R A W F O G U T
L A I C N C L G N O P N W A L
T I A O E A O K I C K B A L L
V P N B F R G G M O L K K Y F
H O T B G K C O R N H O L E J
O C C N R C S P I K E B A L L
P K H O K A I R I N G T O S S
S E E T M S D T E U Q O R C D
C T S N R O L L E R S K A T E
O S S I W I F F L E B A L L F
T H M M N L A D D E R B A L L
C O I D V N L A W N D A R T S
H T G A G N E J T N A I G M F
L L A B R E H T E T A X J D Q
```

BADMINTON

BOCCE

CORNHOLE

CROQUET

DISC GOLF

GIANT CHESS

GIANT JENGA

HOPSCOTCH

KICKBALL

LADDER BALL

LAWN DARTS

LAWN PONG

MÖLKKY

POCKET SHOT

RED ROVER

RING TOSS

ROLLER SKATE

SACK RACE

SPIKEBALL

TAG

TENNIS

TETHERBALL

TUG-OF-WAR

WIFFLE BALL

HEAT WAVE

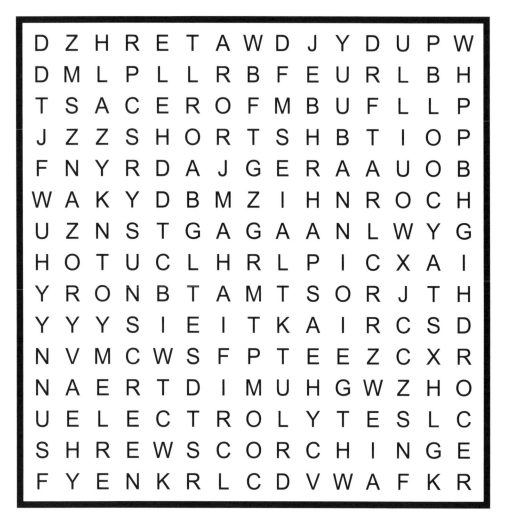

I'm all about the palm trees and 80 degrees.

BLAZE	ICE	SHORTS
BRIGHT	LANAI	SIZZLE
ELECTROLYTES	LAZY	STAY COOL
FAN	MISTER	SUNNY
FORECAST	POOL	SUNSCREEN
HEAVY	PORCH	SWEAT
HOT	RECORD-HIGH	WATER
HUMID	SCORCHING	WEAR A HAT

SUMMER BLOCKBUSTERS

```
Q B V P O C R E P U S W T T D
E V I T I G U F E H T P R H R
G C P Q A K X D M G T U O G A
I O D U Y P S N C A N D P I H
B S T A R T R E K A A E E N E
K D E E P S R N L P I K R K I
C P T I I A C I O S G C Y K D
A E M Q O R E H Y M N O T R W
L N I Q T N O N U R O N I A A
B L A D E R U N N E R K R D L
N A A R S M N H M Z I Y O E L
I J B W A I R P L A N E N H E
N H A E A I N M O S N I I T I
E J C H I C K E N R U N M W U
M G R G H O S T B U S T E R S
```

AIRPLANE

ALIEN

BABE

BIG

BLADE RUNNER

CHICKEN RUN

DIE HARD

GHOSTBUSTERS

HERO

INSOMNIA

IRON GIANT

IRON MAN

JAWS

KNOCKED UP

MEN IN BLACK

MINORITY REPORT

SPEED

SPY

STAR TREK

SUPERCOP

THE DARK KNIGHT

THE FUGITIVE

UP

WALL-E

FRIENDSHIP

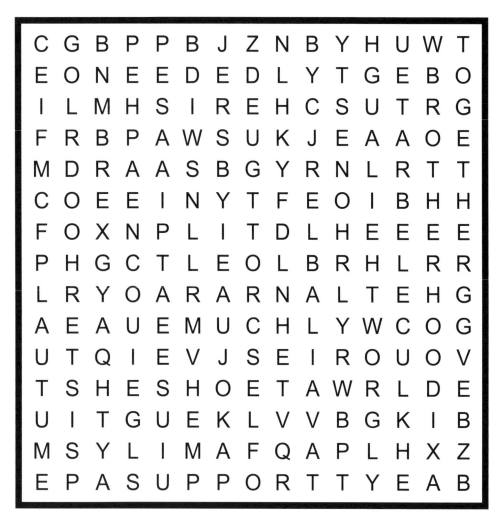

Friends, sun, sand, and sea; that sounds like a summer to me!

AVAILABLE	GROWTH	PRAISE
BLESSING	HONESTY	QUALITY
BROTHERHOOD	IRREPLACEABLE	RELIABLE
CELEBRATE	LAUGH	SHARE
CHERISH	LOVE	SISTERHOOD
COMPANION	LOYALTY	SUPPORT
ESTEEM	MUTUAL	TOGETHER
FAMILY	NEEDED	TRUST

```
G Q U G Y Z R N D T O R C H U
D R S O R Z T R U H T E E L K
O B S D X E O E Y S C T T H L
O L K G G P E H Y R I R O U L
L I D C R B T N Y F A W A P M
F A A Y A H E A D H I G H E S
Y T L N T B E Z R P W W C R S
I H Y A S N R S H S A L F J X
I B A E M L T T K X B C G M Q
M T S O J P S F R Y A A G H T
M Z O F A F R P S N S D F P Z
P N M Y B P W E D C T J O Z Q
L I M E F Z Y L V N H T A Q J
L T Q J A U E M T O S E Q U M
E B S F M G C J V Z M R O V R
```

BACK

CANDLE

DAY

DROP

FLASH

FLOOD

GAS

GREEN

HEAD

HIGH

LAMP

LIME

MOON

OVER

SEARCH

SKY

SPOT

STAR

STOP

STREET

SUN

TAIL

TORCH

ULTRA

BIGGEST LAKES

```
B M Z L D S U P E R I O R Y W
K E E L K E N K A N A X C B B
R K O E A B V S E L A W I K J
A N H W N I L I A M N A I O R
L J A O L V O X L N O C L A F
C O T P V T K H I S R A I N Y
R N K H N A G I H C I M R F B
Q T X E Y E L L O W S T O N E
W A W V E H E I R E K R E Q F
R R S E U C H A M P L A I N G
X I T R C B H N P Y R A M I D
Y O O M A R I O N H A S M V I
D N R X T E Z A B Q E Q E U X
R E H A O L G S W E B R A Z D
E J R S V F L A T H E A D X Q
```

If you're not barefoot, then you're overdressed.

BEAR	ILIAMNA	POWELL
CHAMPLAIN	MARION	PYRAMID
CLARK	MEAD	RAINY
DEVILS	MICHIGAN	RED
ERIE	NAKNEK	SELAWIK
FALCON	OAHE	SUPERIOR
FLATHEAD	OKEECHOBEE	TAHOE
HURON	ONTARIO	YELLOWSTONE

OUTSIDE ON THE __

```
A U Q A S U N R O O M H P L I
C L O I S T E R M O G E O A P
U T O P D E C K A A R G N O I
S A Z Z A I P G J I G A O Q E
U M W E C A A L S I L T L C H
N T U M Z L V T A O S K A G P
D H C I L E Y Q U A D R F P T
E C U E R L K C E D R E P P U
C C R A E T M C O E Z Q Y N Y
K Y N X D R A Y T R U O C A N
M D N K R L A S W H H H I R O
A V I G K K J M C Z C V K T C
O I T A P V N J A R E M Q H L
B U N G A L O W O D M D Y E A
O C I T R O P P A C A Z C X B
```

ATRIUM

BALCONY

BUNGALOW

CLOISTER

COURTYARD

GALLERY

LANAI

LOGGIA

NARTHEX

PATIO

PERISTYLE

PIAZZA

PORCH

PORTICO

QUAD

RAMADA

STOA

STOOP

SUNDECK

SUNROOM

TERRACE

TOP DECK

UPPER DECK

VERANDA

UNPLUGGED

```
H G W G P E R E L A N R U O J
F P F A E F J G M W R X L T P
Z M X K C O O R N B U O C I U
T E A K O M F A R A J J A N D
V B P L O G F H B S T O O K O
F S T A K H L C L G F U Y K N
F E U W C T I E R E A D R K O
O G N C R S N R L I F N T E T
H A E Y O J E P D K M A I A D
C S O A Z F A K A Y E Z E P I
T S U W Q I E Y G R Q T E M S
I A T A N E A R T N I V R A T
W M Y T C K C E G R I V H C U
S K J E L S R Y W R R R O X R
I D I G I T A L D E T O X Y B
```

BAKE	GYM	READ
CAMP	JOURNAL	RECHARGE
COOK	KAYAK	REFOCUS
DIGITAL DETOX	KNIT	RETREAT
DO NOT DISTURB	MASSAGE	SWITCH OFF
DRIVE	NATURE	TUNE OUT
ESCAPE	OFFLINE	WALK
GETAWAY	PAINT	WRITE

BEACH BONFIRE

```
X I X N U E H P L A T E S D E
V L T I R L C S E R O M S K P
A I X I X N O G A W Q J X M D
D O F C J H T N J O C E A N B
I F L I P F L O P S A T A U C
U T E S N U S T E N C S X Z Q
L E C U G F O M G H W C G F B
F O C M E W A V E S F T L Y R
R V J A E G P S X G R I L L L
E Q N L M G K B L A N K E T Z
T I P A W E C Q Y A B C I Q Y
H N S I G Z R K W Z K D O O W
G T O F O O D A P W T O K Q A
I K S D A R D C H A I R S V B
L X K Y S E P I W A U T C O U
```

Laugh **S'MORE**, worry less.

BLANKET	GRILL	S'MORES
CAMERA	LIGHTER FLUID	SUNSET
CHAIRS	MATCHES	TOWEL
FIRE	MUSIC	TRAY
FLIP-FLOPS	OCEAN	WAGON
FOIL	PIT	WAVES
FOOD	PLATES	WIPES
GAMES	SAND	WOOD

ACTS OF KINDNESS

```
C O M P L I M E N T M O H V Y
D R A C N E T T I R W D N A H
B W H Y P T P B R E C Y C L E
U P S T O C L L F C R M U P E
P R A I S E A O U O E A Y F A
P N R N I P N O N M E S H O T
D K T U T S T D D M T F S S L
O U P M I E A D R E N O T T O
N S U M V R T R A N U O F E C
A R K O I A R I I D L D I R A
T L C C T X E V S R O D G A L
E I I K Y Z E E E D V R E P K
Z Q P G O J M P L E H I V E C
E G A R U O C N E F Q V I T F
C A R E P A C K A G E E G H U
```

Sunshine is the best medicine.

BLOOD DRIVE	FOOD DRIVE	POSITIVITY
CARE PACKAGE	FOSTER A PET	PRAISE
COMMUNITY	FUNDRAISE	RECOMMEND
COMPLIMENT	GIVE GIFTS	RECYCLE
COOK	HANDWRITTEN CARD	RESPECT
DONATE	HELP	SHARE
EAT LOCAL	PICK UP TRASH	TIP
ENCOURAGE	PLANT A TREE	VOLUNTEER

SUMMER COLORS

```
B L O O D O R A N G E L S I M
G E S I O U Q R U T F R T Y P
W I S T E R I A A Y W H I T E
Q J E G N I H C T A C E Y E T
S A A L A V E N D E R N Z L E
K K F E O E N I R E G N A T L
Y N O M L A S C N W N T H W R
B I A S B M O E D M O G P K A
L P M E A L F R L A I E Y S C
U T G Y L A U U O R C G L A S
E O R C E R C L B I E I O J B
C H E N M O H E E G B E W A Z
Y E E O I C S A C O G B U W S
R K N E L M I N T L U Q E P I
S T A N W D A W W D A G X X F
```

AQUA	FUCHSIA	SCARLET
BEIGE	HOT PINK	SEAFOAM GREEN
BLOOD ORANGE	LAVENDER	SKY BLUE
BOLD	LIME	TAN
BRIGHT	MARIGOLD	TANGERINE
CERULEAN	MINT	TURQUOISE
CORAL	NEON	WHITE
EYE-CATCHING	SALMON	WISTERIA

PARTY TIME

```
P A C T I V I T I E S C N Z G
S Z C O N F E T T I V O C A M
S U Y Z D F S N X A I E R L B
B A V R M E P X D N R D N A T
I N D L C S G I U O E F L T E
R R S A A T A E C N R L S E U
T X K S O I R E E N O S R D Q
H S A B R V C Y I O I P O E N
D N M E X A V O N R S C V C A
A W E T C L A S S A O G A O B
Y O E C A A C L B V V U F R U
W D G X K E O Z A E E E Z A A
U E W W E D D I N G N S W T A
H O R T S E S L Y K U T T E V
A H A V T Y J C U D E S B I E
```

Don't worry, beach happy.

ACTIVITIES	EVENT	RAVE
BALLOONS	FAVORS	REUNION
BANQUET	FESTIVAL	SOCIAL
BASH	GALA	SOIREE
BIRTHDAY	GARDEN	SPREE
CAKES	GUESTS	VENDORS
CONFETTI	HOEDOWN	VENUE
DECORATE	PICNIC	WEDDING

BIRD WATCHING

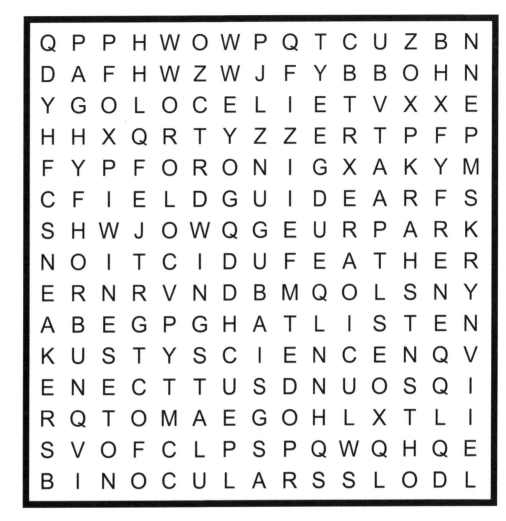

Q P P H W O W P Q T C U Z B N
D A F H W Z W J F Y B B O H N
Y G O L O C E L I E T V X X E
H H X Q R T Y Z Z E R T P F P
F Y P F O R O N I G X A K Y M
C F I E L D G U I D E A R F S
S H W J O W Q G E U R P A R K
N O I T C I D U F E A T H E R
E R N R V N D B M Q O L S N Y
A B E G P G H A T L I S T E N
K U S T Y S C I E N C E N Q V
E N E C T T U S D N U O S Q I
R Q T O M A E G O H L X T L I
S V O F C L P S P Q W Q H Q E
B I N O C U L A R S S L O D L

BINOCULARS	HAT	QUIET
CAMERA	HOBBY	RARE
CHIRP	LISTEN	SCIENCE
COLOR	NOTES	SNEAKERS
ECOLOGY	PARK	SONG
FEATHER	PATTERN	SOUNDS
FIELD GUIDE	PEN	VEST
FLY	PHOTO	WINGS

COLD BEVERAGES

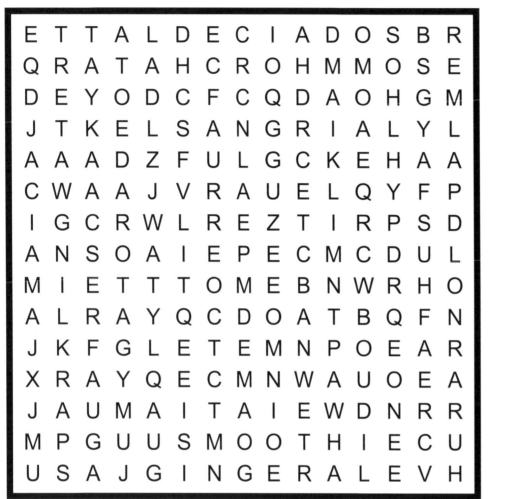

E T T A L D E C I A D O S B R
Q R A T A H C R O H M M O S E
D E Y O D C F C Q D A O H G M
J T K E L S A N G R I A L Y L
A A A D Z F U L G C K E H A A
C W A A J V R A U E L Q Y F P
I G C R W L R E Z T I R P S D
A N S O A I E P E C M C D U L
M I E T T T O M E B N W R H O
A L R A Y Q C D O A T B Q F N
J K F G L E T E M N P O E A R
X R A Y Q E C M N W A U O E A
J A U M A I T A I E W D N R R
M P G U U S M O O T H I E C U
U S A J G I N G E R A L E V H

AGUA FRESCA	JAMAICA	PUNCH
ARNOLD PALMER	JUICE	ROOT BEER FLOAT
BEER	LEMONADE	SANGRIA
GATORADE	MAI TAI	SHAKE
GINGER ALE	MARGARITA	SMOOTHIE
HORCHATA	MILK	SODA
ICED LATTE	NECTAR	SPARKLING WATER
ICED TEA	PALOMA	SPRITZER

Life is just right with the beach in sight.

BAKERY	FARMERS MARKET	PATHWAY
BEAUTY	GIFT	PICTURESQUE
BREEZY	HILLS	QUAINT
CALM	IDYLLIC	SAND
CHARM	LOCAL	SMALL TOWN
COASTAL	MIST	TOWN
DESTINATION	NATIVE	VILLAGE
DREAMY	NEW ENGLAND	VINTAGE

SUNNY SAN DIEGO

```
Z B O R D E R W G N I L I A S
V U G L A J O L L A C O V E L
B L E G O L A N D C Y L O B L
Y J R M T S O L E D A D O I I
D O R T H E G L O B E E Z L H
G P O T A T O C H I P R O C K
N C B E S E A W O R L D G P S
I D A S A Q T H L Z E D E E E
T A Z P M A L S A G S Y I T H
A O N Y V A N L C C A V D C C
O D A N O R O C U T N V N O A
B N P A D R E S S B E K A P E
L J B A L B O A P A R K S A B
B P F R U S O N A I L U J R Q
S F F I L C T E S N U S X K T
```

Let the sun shine on me.

ANZA-BORREGO	HILLS	POTATO CHIP ROCK
BALBOA PARK	JULIAN	SAILING
BEACHES	LA JOLLA COVE	SAN DIEGO ZOO
BOATING	LEGOLAND	SEAWORLD
BORDER	MT. SOLEDAD	SUNSET CLIFFS
COAST	NAVY	SURF
CORONADO	PADRES	THE GLOBE
GASLAMP	PETCO PARK	UCSD

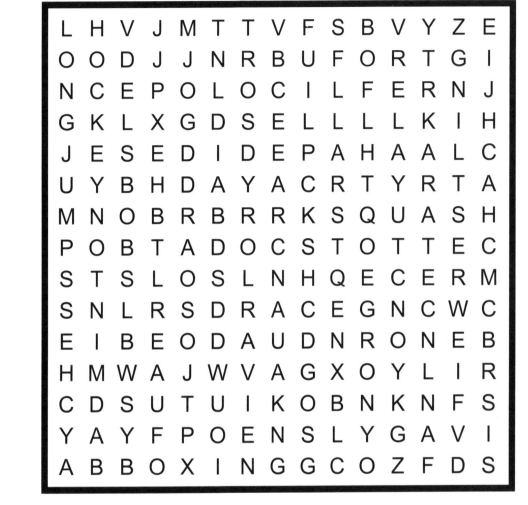

```
L H V J M T T V F S B V Y Z E
O O D J J N R B U F O R T G I
N C E P O L O C I L F E R N J
G K L X G D S E L L L K I H
J E S E D I D E P A H A A L C
U Y B H D A Y A C R T Y R T A
M N O B R B R R K S Q U A S H
P O B T A D O C S T O T T E C
S T S L O S L N H Q E C E R M
S N L R S D R A C E G N C W C
E I B E O D A U D N R O N E B
H M W A J W V A G X O Y L I R
C D S U T U I K O B N K N F S
Y A Y F P O E N S L Y G A V I
A B B O X I N G G C O Z F D S
```

ARCHERY	DARTS	RELAY
BADMINTON	DISCUS	ROWING
BATON	GOLF	RUGBY
BINGO	HOCKEY	SOCCER
BOBSLED	KARATE	SQUASH
BOXING	LACROSSE	TENNIS
CARDS	LONG JUMP	VOLLEYBALL
CHESS	POLO	WRESTLING

BOTANICAL GARDENS

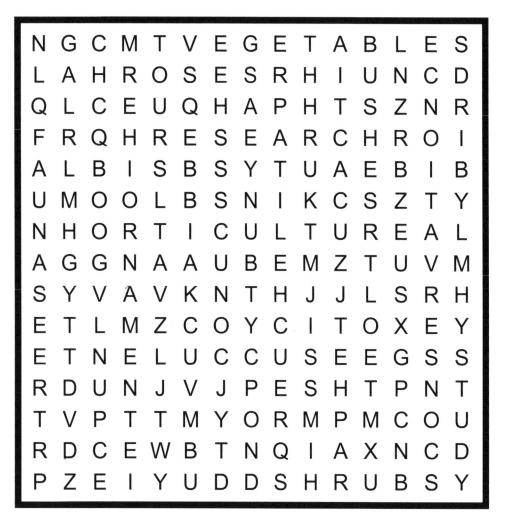

```
N G C M T V E G E T A B L E S
L A H R O S E S R H I U N C D
Q L C E U Q H A P H T S Z N R
F R Q H R E S E A R C H R O I
A L B I S B S Y T U A E B I B
U M O O L B S N I K C S Z T Y
N H O R T I C U L T U R E A L
A G G N A A U B E M Z T U V M
S Y V A V K N T H J J L S R H
E T L M Z C O Y C I T O X E Y
E T N E L U C C U S E E G S S
R D U N J V J P E S H T P N T
T V P T T M Y O R M P M C O U
R D C E W B T N Q I A X N C D
P Z E I Y U D D S H R U B S Y
```

ART	EXOTIC	RESEARCH
BEAUTY	FAUNA	ROSES
BIRDS	FLORA	SHRUBS
BLOOM	HERBS	STUDY
BOTANY	HORTICULTURE	SUCCULENT
BUSHES	MAZE	TOUR
CACTI	ORNAMENT	TREES
CONSERVATION	POND	VEGETABLES

```
H A M M O C K S W I M S U I T
L U W R O D S P E A K E R R U
T W W K O S J C I D O D M J R
D A N H T X S Q B Q Q T T W V
T N H T L A T K M L A B P I L
L E A W C L T N O I T O L W Y
Q W K S A E R J U F G T A N P
S N O N E R E I T R I A H E O
H U O E A H T U N R U B S L O
S M B G L L T S X B X H I W L
P Y A N E S B N U A I O Q A S
F B D U W E T Z O K G D A R I
W A A O O J B U P E C P C M D
Q S E L T T O B R E T A W V E
A K R K A L K C A N S A T A E
```

Celebrate good times and tan lines!

BAKE

BASK

BLANKET

BURN

EAT A SNACK

HAIR TIE

HAMMOCK

LIP BALM

LOTION

LOUNGE

OIL

ON THE SAND

POOLSIDE

READ A BOOK

RELAX

SPEAKER

SPF

STRAW HAT

SWIMSUIT

TAN

TOWEL

TURN

WARM

WATER BOTTLE

ON THE PLAYGROUND

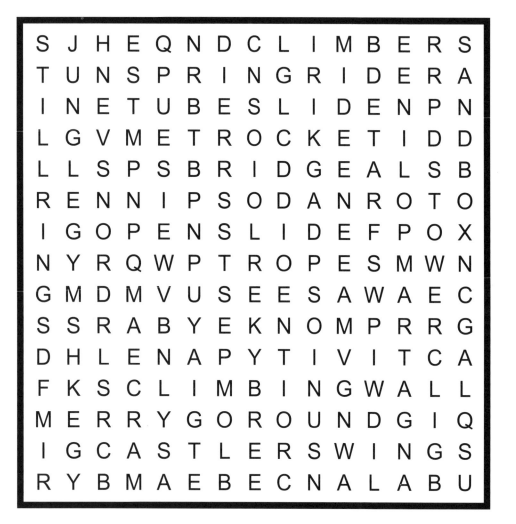

```
S  J  H  E  Q  N  D  C  L  I  M  B  E  R  S
T  U  N  S  P  R  I  N  G  R  I  D  E  R  A
I  N  E  T  U  B  E  S  L  I  D  E  N  P  N
L  G  V  M  E  T  R  O  C  K  E  T  I  D  D
L  L  S  P  S  B  R  I  D  G  E  A  L  S  B
R  E  N  N  I  P  S  O  D  A  N  R  O  T  O
I  G  O  P  E  N  S  L  I  D  E  F  P  O  X
N  Y  R  Q  W  P  T  R  O  P  E  S  M  W  N
G  M  D  M  V  U  S  E  E  S  A  W  A  E  C
S  S  R  A  B  Y  E  K  N  O  M  P  R  R  G
D  H  L  E  N  A  P  Y  T  I  V  I  T  C  A
F  K  S  C  L  I  M  B  I  N  G  W  A  L  L
M  E  R  R  Y  G  O  R  O  U  N  D  G  I  Q
I  G  C  A  S  T  L  E  R  S  W  I  N  G  S
R  Y  B  M  A  E  B  E  C  N  A  L  A  B  U
```

ACTIVITY PANEL	MERRY-GO-ROUND	SPRING RIDER
BALANCE BEAM	MONKEY BARS	STILL RINGS
BRIDGE	NETS	SWINGS
CASTLE	OPEN SLIDE	TORNADO SPINNER
CLIMBERS	ROCKET	TOWER
CLIMBING WALL	ROPES	TRAMPOLINE
DRUMS	SAND BOX	TUBE SLIDE
JUNGLE GYM	SEESAW	TUBES

CARNIVAL

Nothing but blue skies.

```
Y C S T U F F E D A N I M A L
C O T N H F B U M P E R C A R
R T R Y P B A S K E T B A L L
W T A T U N N E L O F L O V E
R O D Q G O L D F I S H D C Z
F N K Q W S S E M A G W O T D
U C P C A S S A Z K L R O E I
N A O Y T G C O Q T N J I F C
N N P I E J O N T D E R T A E
E D C P R S V D O G F R E I C
L Y O R G V M G T O N J P R R
C N R I U H C Q I O L I D Q E
A L N Z N B O O T H H L R K A
K P P E T T I N G Z O O A G M
E E M V D F U N H O U S E B C
```

BALLOON	FRIED	POPCORN
BASKETBALL	FUN HOUSE	PRETZEL
BOOTH	FUNNEL CAKE	PRIZE
BUMPER CAR	GAMES	RING TOSS
CORN DOG	GOLDFISH	SNOW CONE
COTTON CANDY	HOT DOG	STUFFED ANIMAL
DARTS	ICE CREAM	TUNNEL OF LOVE
FAIR	PETTING ZOO	WATER GUN

TROPICAL STORMS

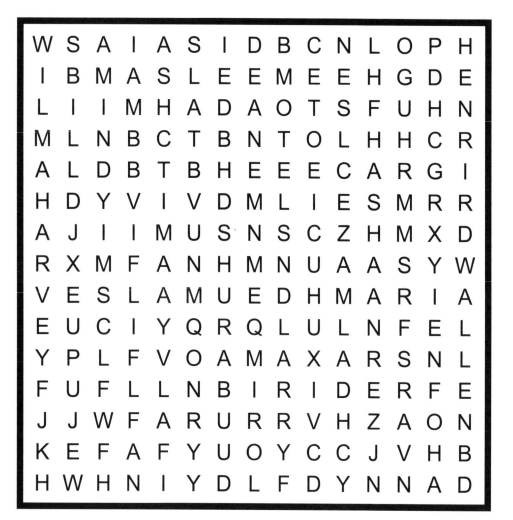

```
W S A I A S I D B C N L O P H
I B M A S L E E M E E H G D E
L I I M H A D A O T S F U H N
M L N B C T B N T O L H H C R
A L D B T B H E E E C A R G I
H D Y V I V D M L I E S M R R
A J I I M U S N S C Z H M X D
R X M F A N H M N U A A S Y W
V E S L A M U E D H M A R I A
E U C I Y Q R Q L U L N F E L
Y P L F V O A M A X A R S N L
F U F L L N B I R I D E R F E
J J W F A R U R R V H Z A O N
K E F A F Y U O Y C C J V H B
H W H N I Y D L F D Y N N A D
```

"Rise above the storm and you will find the sunshine."
Mario Fernández

ALLEN	FLORENCE	ISABEL
ANA	FRED	ISAIAS
BILL	GRACE	JULIAN
CLAUDETTE	HARVEY	LARRY
DANNY	HENRI	MARIA
DEAN	HUGO	MINDY
DORIAN	IDA	MITCH
ELSA	IRMA	WILMA

SUMMER BUCKET LIST

```
J O U R N A L S T A R G A Z E
K R A P L A N O I T A N T J U
E N R E A D A B O O K U X X O
I R M F P Q S S I G H T S E E
V A O I F O N D U E N I G H T
O E C L C I S U M E V I L F X
M L G M O M A K E S M O R E S
R F N F A C V H O S T A B B Q
O L P E T S A C D O P B H X F
O E U S E E A P L A Y N W V H
D V Z T Q I E P I C N I C G R
T A Z I P L A N T T R E E S E
U R L V F I T N E S S Q I N L
O T E A R O A D T R I P X Z A
B V O L U N T E E R C M B M X
```

COLOR	MAKE S'MORES	READ A BOOK
FILM FESTIVAL	NATIONAL PARK	RELAX
FITNESS	OUTDOOR MOVIE	ROAD TRIP
FONDUE NIGHT	PAINT	SEE A PLAY
HOST A BBQ	PICNIC	SIGHTSEE
JOURNAL	PLANT TREES	STARGAZE
LEARN	PODCAST	TRAVEL
LIVE MUSIC	PUZZLE	VOLUNTEER

YARD WORK

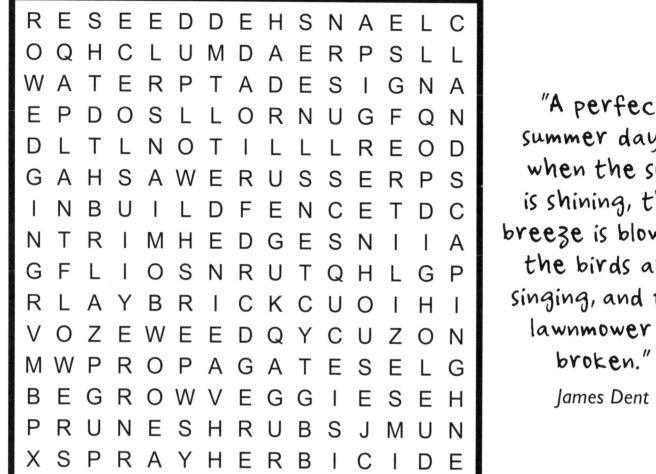

```
R E S E E D D E H S N A E L C
O Q H C L U M D A E R P S L L
W A T E R P T A D E S I G N A
E P D O S L L O R N U G F Q N
D L T L N O T I L L R E O D D
G A H S A W E R U S S E R P S
I N B U I L D F E N C E T D C
N T R I M H E D G E S N I I A
G F L I O S N R U T Q H L G P
R L A Y B R I C K C U O I H I
V O Z E W E E D Q Y C U Z O N
M W P R O P A G A T E S E L G
B E G R O W V E G G I E S E H
P R U N E S H R U B S J M U N
X S P R A Y H E R B I C I D E
```

"A perfect summer day is when the sun is shining, the breeze is blowing, the birds are singing, and the lawnmower is broken."

James Dent

BUILD FENCE	LANDSCAPING	SPRAY HERBICIDE
CLEAN SHED	LAY BRICK	SPREAD MULCH
DESIGN	PLANT FLOWERS	TILL
DIG HOLE	PLOW	TRIM HEDGES
EDGING	PRESSURE WASH	TURN SOIL
FERTILIZE	PROPAGATE	UNROLL SOD
GREENHOUSE	PRUNE SHRUBS	WATER
GROW VEGGIES	RESEED	WEED

NIGHT AT THE THEATER

```
Q T M H R E C N E I D U A Y Y
E W E D X P U S T H G I L N W
G U Z S N Y O G Z X B L W O B
A L Z Z P E R F O R M A N C E
T W A R T E S U A L P P A L S
S V N O U A T W C S O D Y A T
M Y I T J M L U A P U N I B E
U R N C B P R E Q X A Y O T K
S E E E H T C F N K C M G M C
I N A R A P Q N W T A F A X I
C E C I F F O X O B S P R R T
A C N D N L S E M U T S O C D
L S O K S P O R C H E S T R A
N O I S S I M R E T N I C U P
O F F B R O A D W A Y Y Y A L P
```

ACTOR

APPLAUSE

AUDIENCE

BALCONY

BOX OFFICE

CAST

COSTUMES

CURTAIN

DIRECTOR

DRAMA

INTERMISSION

LIGHTS

MEZZANINE

MONOLOGUE

MUSICAL

OFF-BROADWAY

ORCHESTRA

PERFORMANCE

PLAY

PROP

SCENERY

STAGE

TALENT

TICKETS

GROUPS OF ANIMALS

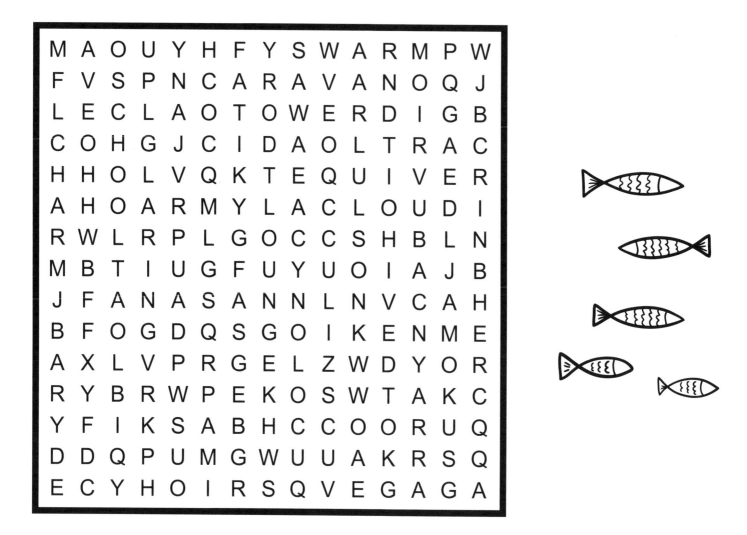

```
M A O U Y H F Y S W A R M P W
F V S P N C A R A V A N O Q J
L E C L A O T O W E R D I G B
C O H G J C I D A O L T R A C
H H O L V Q K T E Q U I V E R
A H O A R M Y L A C L O U D I
R W L R P L G O C C S H B L N
M B T I U G F U Y U O I A J B
J F A N A S A N N L N V C A H
B F O G D Q S G O I K E N M E
A X L V P R G E L Z W D Y O R
R Y B R W P E K O S W T A K C
Y F I K S A B H C C O O R U Q
D D Q P U M G W U U A K R S Q
E C Y H O I R S Q V E G A G A
```

ARMY	CHORUS	LOUNGE
ARRAY	CLOUD	PACK
BAND	COLONY	POD
BASK	CONVOCATION	PRIDE
BLOAT	GAGGLE	QUIVER
CARAVAN	GLARING	SCHOOL
CARTLOAD	HERD	SWARM
CHARM	HIVE	TOWER

WATER, WATER EVERYWHERE

```
A L V D M N O C A P N M E U X
E H L R I V E R M E A Y L L G
W S K E R A I N N I S F D A M
P A O P W G T I C L O U D S W
K O O H X I S H K P N P U T A
G O N R P A L A K E I O P E T
L B T D B G V O C E A N T Y E
O O T E C U A F Y Y T U R Y R
J T M A E R T S K C N J H I F
Y T L Z K E T T L E U A E C A
G L E F X D T F S S O C X E L
T E L C A L P U N F F U O L L
G H K Y V R E O O K O Z H E I
R R I G W Z W T A P A Z B E L
W A T E R M E L O N S I O Z L
```

WATER you waiting for?

BASIN	KETTLE	SEA
BOTTLE	LAKE	SNOW
CLOUDS	OCEAN	SPOUT
FAUCET	POND	STREAM
FOUNTAIN	POOL	TEA
HOSE	PUDDLE	WATERFALL
ICE	RAIN	WATERMELON
JACUZZI	RIVER	WELL

TRAVELS

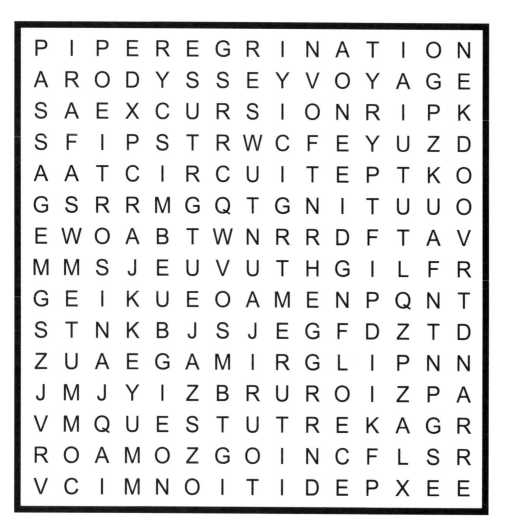

```
P I P E R E G R I N A T I O N
A R O D Y S S E Y V O Y A G E
S A E X C U R S I O N R I P K
S F I P S T R W C F E Y U Z D
A A T C I R C U I T E P T K O
G S R R M G Q T G N I T U U O
E W O A B T W N R R D F T A V
M M S J E U V U T H G I L F R
G E I K U E O A M E N P Q N T
S T N K B J S J E G F D Z T D
Z U A E G A M I R G L I P N N
J M J Y I Z B R U R O I Z P A
V M Q U E S T U T R E K A G R
R O A M O Z G O I N C F L S R
V C I M N O I T I D E P X E E
```

I was made for sunny days.

CIRCUIT	JOURNEY	ROAM
COMMUTE	JUNKET	SAFARI
CRUISE	ODYSSEY	SAIL
ERRAND	OUTING	SORTIE
EXCURSION	PASSAGE	TOUR
EXPEDITION	PEREGRINATION	TREK
FLIGHT	PILGRIMAGE	TRIP
JAUNT	QUEST	VOYAGE

AT A DRAG SHOW

O	A	N	I	P	G	B	N	J	K	D	S	X	B	Y
M	T	E	Z	D	E	D	R	I	N	K	S	M	A	M
S	S	E	P	R	G	R	F	U	B	S	Y	G	E	W
F	T	U	R	A	L	U	F	I	N	H	S	R	M	Q
Y	S	Q	I	G	A	X	N	O	U	C	U	H	A	X
N	I	G	D	K	M	G	R	E	R	T	H	K	K	C
I	T	A	E	I	O	L	M	M	L	M	V	G	E	A
G	R	R	F	N	U	L	J	U	L	S	A	N	U	B
H	A	D	M	G	R	I	C	T	M	K	V	N	P	A
T	C	H	B	E	X	P	X	S	U	F	I	H	C	R
C	U	D	O	X	O	S	C	O	M	E	D	Y	N	E
L	L	A	B	P	R	Y	K	C	C	A	Y	W	W	T
U	T	S	O	H	D	N	O	G	N	N	O	I	Y	N
B	K	M	U	S	I	C	L	C	O	G	G	Y	E	V
L	H	Y	T	X	P	H	E	Y	K	S	T	I	P	M

ARTISTS

BALL

BINGO

BRUNCH

CABARET

COMEDY

COSTUME

DANCE

DIVA

DRAG KING

DRAG QUEEN

DRINKS

GLAMOUR

GOWN

HOST

LIP-SYNCH

MAKEUP

MUSIC

NIGHTCLUB

PERFORMANCE

POP CULTURE

PRIDE

TIP

WIGS

ACCESSORIZE

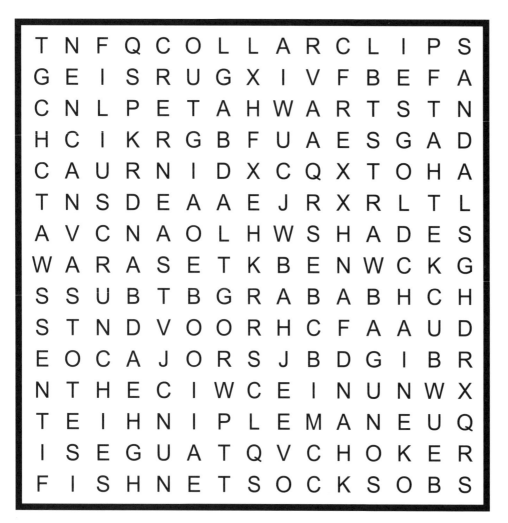

T N F Q C O L L A R C L I P S
G E I S R U G X I V F B E F A
C N L P E T A H W A R T S T N
H C I K R G B F U A E S G A D
C A U R N I D X C Q X T O H A
T N S D E A A E J R X R L T L
A V C N A O L H W S H A D E S
W A R A S E T K B E N W C K G
S S U B T B G R A B A B H C H
S T N D V O O R H C F A A U D
E O C A J O R S J B D G I B R
N T H E C I W C E I N U N W X
T E I H N I P L E M A N E U Q
I S E G U A T Q V C H O K E R
F I S H N E T S O C K S O B S

No shoes
and no
responsibilities!

ANKLET	COLLAR CLIPS	HEADBAND
BAG	EARRINGS	SANDALS
BELT	ENAMEL PIN	SCRUNCHIE
BRACELET	FISHNET SOCKS	SHADES
BROOCH	FITNESS WATCH	STRAW BAG
BUCKET HAT	GOLD CHAIN	STRAW HAT
CANVAS TOTE	HAIRPIN	TOE RING
CHOKER	HAND FAN	WEDGES

SUMMER ADJECTIVES

```
P E M Y M I X G P E R F E C T
A L G N I R E T S I L B J H R
T B O M S S E L D U O L C O B
R A H F Q Y A B L O O M T B N
I T R S R L Z E M D R E A M Y
O T K W E E C A U O T Z R G E
T E G E T R E U H H Q O C V Y
I G M N G O F T G C O R I E L
C R N X I G O I R D R T Q E E
G O Q I N X R F T O C V N V R
K F H H N B A U E A P D M D U
K N E A X R O L N R L I K Y S
X U U A P P U R E E A H C S I
Y N N U S P K B S R F B D A E
C Q V X X Y Y S M A G I C A L
```

ABLOOM

ACTIVE

BAREFOOT

BEAUTIFUL

BLISTERING

BRIGHT

BURNING

CLOUDLESS

DREAMY

EASY

ENDLESS

FREE

FRESH

HAPPY

HAZY

LEISURELY

MAGICAL

OUTDOOR

PATRIOTIC

PERFECT

RELAXING

SUNNY

TROPICAL

UNFORGETTABLE

PIES

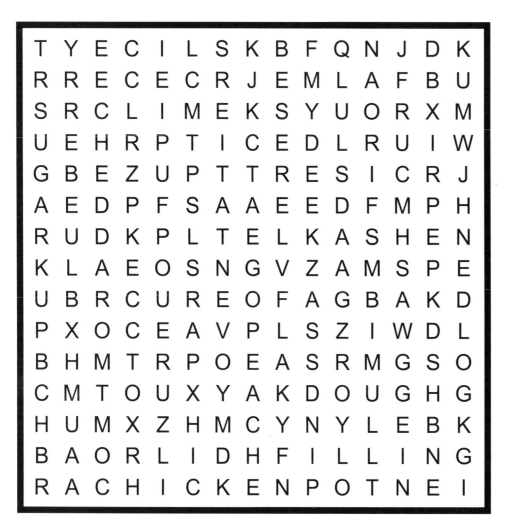

```
T Y E C I L S K B F Q N J D K
R R E C E C R J E M L A F B U
S R C L I M E K S Y U O R X M
U E H R P T I C E D L R U I W
G B E Z U P T T R E S I C R J
A E D P F S A A E E D F M P H
R U D K P L T E L K A S H E N
K L A E O S N G V Z A M S P E
U B R C U R E O F A G B A K D
P X O C E A V P L S Z I W D L
B H M T R P O E A S R M G S O
C M T O U X Y A K D O U G H G
H U M X Z H M C Y N Y L E B K
B A O R L I D H F I L L I N G
R A C H I C K E N P O T N E I
```

APPLE	CRUMB	GOLDEN
AROMA	CRUST	ICE CREAM
BAKE TIME	CUSTARD	KEY LIME
BLUEBERRY	DOUGH	LATTICE
BUTTER	EGG WASH	OVEN
CHEDDAR	FILLING	PEACH
CHICKEN POT	FLAKY	SLICE
CHOCOLATE	FLOUR	SUGAR

LAZY, HAZY, CRAZY
DAYS OF SUMMER

Endless Summer

E	W	E	E	N	I	E	S	H	N	A	R	B	R	R
R	O	L	L	O	U	T	E	S	O	D	A	E	R	U
G	C	E	B	O	Y	K	V	J	X	Q	T	A	E	B
B	Y	T	H	M	O	M	E	N	T	G	Y	C	M	B
C	S	A	N	D	W	I	C	H	E	S	N	H	M	H
N	I	E	V	I	R	D	B	T	X	Z	E	O	U	S
B	I	K	I	N	I	S	U	C	V	S	U	N	S	I
L	O	V	E	R	S	C	B	A	S	K	E	T	F	W
E	I	V	O	M	C	I	T	N	A	M	O	R	O	S
N	S	Z	T	F	T	C	J	W	T	E	I	H	S	A
S	L	R	I	G	B	P	U	C	W	R	Y	N	Y	L
M	X	A	L	U	O	T	Z	V	R	M	E	L	A	L
B	A	A	Y	Z	A	H	R	S	V	A	I	E	D	E
Q	Z	J	P	G	S	G	V	B	G	E	Z	J	H	F
Y	H	F	W	R	Z	N	W	Q	I	V	Y	Y	R	C

BASKET

BEACH

BEER

BIKINIS

CHEER

CRAZY

CUTE

DAYS OF SUMMER

DRIVE-IN

FELLAS

GIRLS

HAZY

LAZY

LOVERS

MOMENT

MOON

ROLL OUT

ROMANTIC MOVIE

SANDWICHES

SODA

SONG

SUN

WEENIES

WISH

THE BEACH BOYS

We've been having fun all summer long.

O	A	S	U	N	I	F	R	U	S	D	D	D	N	I
B	N	N	A	A	R	A	B	R	A	B	O	W	I	I
L	U	C	S	E	U	Y	D	A	L	N	O	S	E	A
M	C	X	D	E	V	L	W	K	T	N	U	Y	V	W
A	Y	D	N	E	W	A	B	W	D	M	L	A	I	A
K	N	A	E	J	K	O	O	E	M	Q	W	S	R	H
E	J	Y	I	E	V	R	R	E	M	T	U	A	D	Q
I	D	U	R	U	R	F	R	T	K	R	M	M	Z	I
T	T	I	F	Y	U	O	R	H	F	O	Z	A	V	N
B	I	W	B	L	F	E	A	E	O	T	K	M	J	M
I	U	A	L	L	V	H	R	S	D	D	Y	O	X	Y
G	B	A	O	E	I	G	J	H	I	T	J	H	M	R
Y	N	V	R	K	I	E	N	I	H	S	N	U	S	O
A	E	O	G	R	S	U	R	F	J	A	M	P	W	O
D	F	B	L	C	O	U	N	T	Y	F	A	I	R	M

AWAKE

BARBARA ANN

COUNTY FAIR

DON'T WORRY BABY

DRIVE-IN

FOREVER

FRIENDS

HAWAII

I DO

IN MY ROOM

KOKOMO

LADY

LANA

LUAU

MAKE IT BIG

MAMA SAYS

SUMMER OF LOVE

SUNSHINE

SURF JAM

SURFER GIRL

SURFIN' USA

THE SHIFT

WENDY

WONDERFUL

ON SAFARI

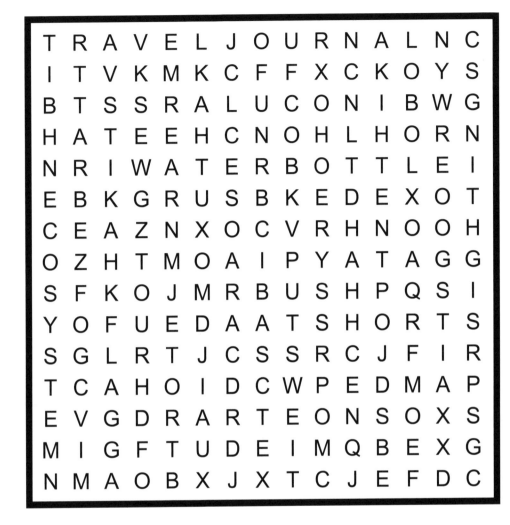

T R A V E L   J O U R N A L   N C
I T V K M K C F F X C K O Y S
B T S S R A L U C O N I B W G
H A T E E H C N O H L H O R N
N R I W A T E R B O T T L E I
E B K G R U S B K E D E X O T
C E A Z N X O C V R H N O O H
O Z H T M O A I P Y A T A G G
S F K O J M R B U S H P Q S I
Y O F U E D A A T S H O R T S
S G L R T J C S S R C J F I R
T C A H O I D C W P E D M A P
E V G D R A R T E O N S O X S
M I G F T U D E I M Q B E X G
N M A O B X J X T C J E F D C

AFRICA	KHAKI	SCRUB
BINOCULARS	LION	SHORTS
BUSH	MAP	SIGHTINGS
CAMERA	NIGHT DRIVE	TENT
CHEETAH	OFF-ROAD	TOUR
DESERT	PARK	TRAVEL JOURNAL
ECOSYSTEM	SAND	WATER BOTTLE
JEEP	SARONG	ZEBRA

CLASSIC CARS

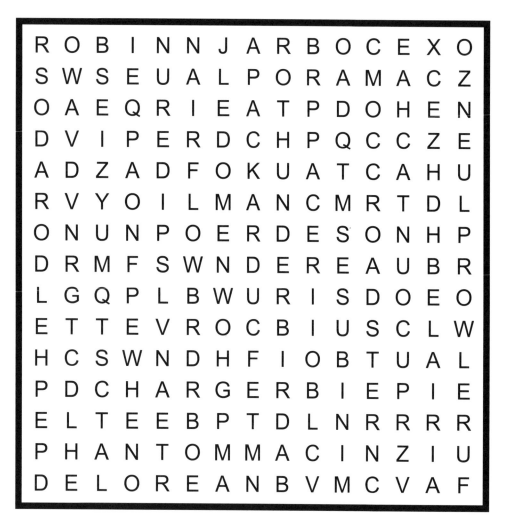

R O B I N N J A R B O C E X O
S W S E U A L P O R A M A C Z
O A E Q R I E A T P D O H E N
D V I P E R D C H P Q C C Z E
A D Z A D F O K U A T C A H U
R V Y O I L M A N C M R T D L
O N U N P O E R D E S O N H P
D R M F S W N D E R E A U B R
L G Q P L B W U R I S D O E O
E T T E V R O C B I U S C L W
H C S W N D H F I O B T U A L
P D C H A R G E R B I E P I E
E L T E E B P T D L N R R R R
P H A N T O M M A C I N Z I U
D E L O R E A N B V M C V A F

AIRFLOW	DELOREAN	PACKARD
BEETLE	EDSEL	PHANTOM
BEL AIR	ELDORADO	PROWLER
CAMARO	ENZO	ROADSTER
CHARGER	FIREBIRD	ROBIN
COBRA	MINIBUS	SPIDER
CORVETTE	MODEL J	THUNDERBIRD
COUNTACH	PACER	VIPER

ON THE BOARDWALK

```
F U N N E L C A K E P F T O X
E R O L L E R S K A T E Z B P
G A M U S E M E N T Y I S I E
P N I S P R I Z E S E F N K D
P I I C K T W I D S E P F E E
N M Z K E A H X I Z X E I A S
N D A Z L C T U N J M F S E T
P V C R A A R E C U H E U Z R
Z T O W E C W E L S A D H P I
C O A C J X T F A S W O O V A
A U S E M A G O I M T E D J N
S R T Z O O Q D W D K U I L Z
I I E J L X E W O E P H Z V Z
N S R Y R J K G B W L S J O R
O T G N I L W O B G Z X P U S
```

I've got sunshine on a cloudy day.

AMUSEMENT	HOT DOG	ROLLER SKATE
BIKE	ICE CREAM	SEASIDE
BOWLING	LOG FLUME	SKATE
CASINO	PEDESTRIAN	TAFFY
COASTER	PIER	TOURIST
CRUISE	PIZZA	TOWEL
FUNNEL CAKE	PRIZES	VIEWS
GAMES	RAMP	WALKING

SOUVENIRS

```
Z Z F V S H A K E R S T M U G
D L A M I N A D E F F U T S C
S L Y C J S G C H A R M W P H
H I C A N C O O L E R I A A M
O C M L X U P R K F V T L C A
T N L E W D R A C T S O P L G
G E N N A G C S D B C Z H L N
L P T D X F S A U A S T O A E
A G N A O I P T L N S G T B T
S A E R C E T C A H M A O E Y
S B M F T O R C I B C O B S T
V E A O N A K R C Q K N O A V
E T N A F H T B Q V E H O B V
Y O R T B N Z Q J P Z O K N H
O T O S W E A T S H I R T X P
```

Paradise found

ART

BASEBALL CAP

BOOK

BUTTON

CALENDAR

CAN COOLER

CHARM

LOCAL CRAFT

MAGNET

MUG

NOTEPAD

ORNAMENT

PEN

PENCIL

PHOTO BOOK

POSTCARD

SHAKERS

SHOT GLASS

SNACK

STUFFED ANIMAL

SWEATSHIRT

TOTE BAG

T-SHIRT

VISOR

FROZEN YOGURT TOPPINGS

```
I X Y C H O C O L A T E S T A
Y U R B L U E B E R R I E S E
S E I E G L E O P E A N U T S
E S W R G B G G R V E B S G S
I D I U V N R H D X M P M U R
R N K D A A I P Q U B I R S E
R O V M N H E F W O F L O E K
E M D O C C J R S C A W I C
B L L O A L E I Y E B K I N I
W A M N G G S M E O T I M W N
A W S Z N V E T B R Z T M O S
R C H E E S E C A K E K U R L
T U V W O Y R R E H C A G B J
S O E R O L Y C H E E T O C Z
C O C O N U T N U T E L L A U
```

ALMONDS

BLUEBERRIES

BOBA

BROWNIES

BUTTERFINGER

CHEESECAKE

CHERRY

CHOCOLATE

COCONUT

FUDGE

GRANOLA

GUMMI WORMS

KIT KAT

KIWI

LYCHEE

MANGO

MOCHI

NUTELLA

OREOS

PEANUTS

PECANS

REESE'S

SNICKERS

STRAWBERRIES

FAMOUS SURFERS

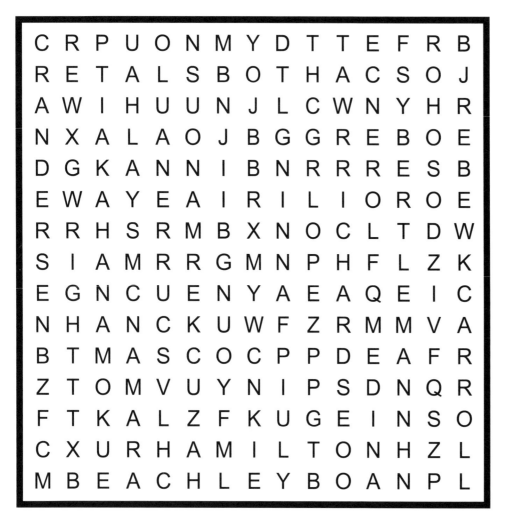

```
C R P U O N M Y D T T E F R B
R E T A L S B O T H A C S O J
A W I H U U N J L C W N Y H R
N X A L A O J B G G R E B O E
D G K A N N I B N R R R E S B
E W A Y E A I R I L I O R O E
R R H S R M B X N O C L T D W
S I A M R R G M N P H F L Z K
E G N C U E N Y A E A Q E I C
N H A N C K U W F Z R M M V A
B T M A S C O C P P D E A F R
Z T O M V U Y N I P S D N Q R
F T K A L Z F K U G E I N S O
C X U R H A M I L T O N H Z L
M B E A C H L E Y B O A N P L
```

I'm just along for the tide.

ANDERSEN
BEACHLEY
BERTLEMANN
BOTHA
BOYER
CARROLL
CURREN
FANNING

FLORENCE
HAMILTON
HO
KAHANAMOKU
LOPEZ
MCNAMARA
MEDINA
NUUHIWA

OBERG
RICHARDS
SLATER
WEBER
WRIGHT
YOUNG
ZAMBA
ZUCKERMAN

SUMMER CONSTELLATIONS

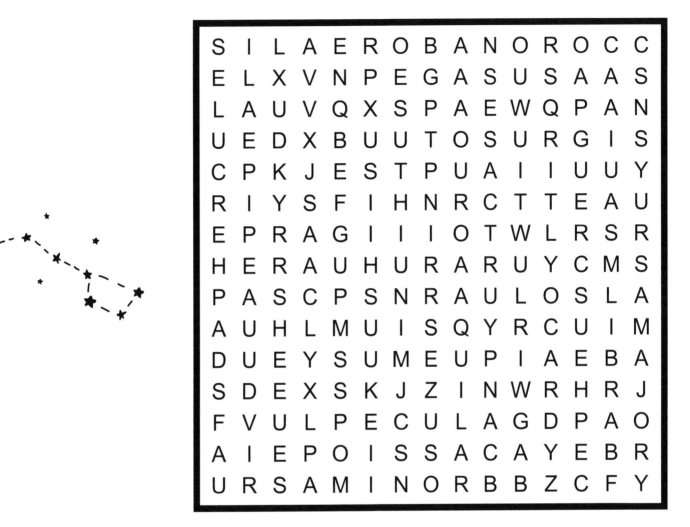

```
S I L A E R O B A N O R O C C
E L X V N P E G A S U S A A S
L A U V Q X S P A E W Q P A N
U E D X B U U T O S U R G I S
C P K J E S T P U A I I U U Y
R I Y S F I H N R C T T E A U
E P R A G I I I O T W L R S R
H E R A U H U R A R U Y C M S
P A S C P S N R A U L O S L A
A U H L M U I S Q Y R C U I M
D U E Y S U M E U P I A E B A
S D E X S K J Z I N W R H R J
F V U L P E C U L A G D P A O
A I E P O I S S A C A Y E B R
U R S A M I N O R B B Z C F Y
```

APUS

AQUARIUS

AQUILA

ARA

CAPRICORNUS

CASSIOPEIA

CEPHEUS

CORONA BOREALIS

CYGNUS

DELPHINUS

DRACO

EQUULEUS

HERCULES

LIBRA

LYRA

OPHIUCHUS

PEGASUS

PERSEUS

SAGITTA

SAGITTARIUS

SCORPIUS

URSA MAJOR

URSA MINOR

VULPECULA

POLO

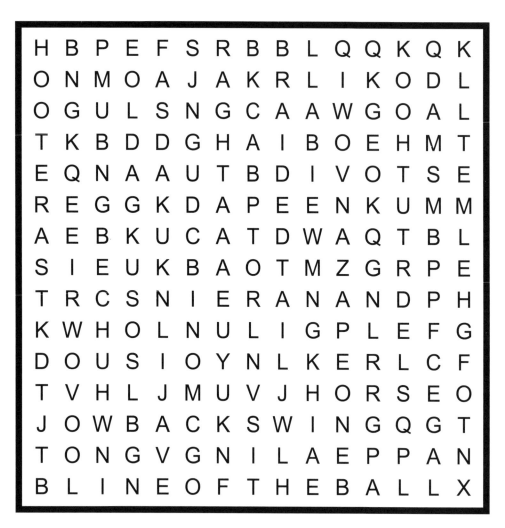

Find me under the palms.

H	B	P	E	F	S	R	B	B	L	Q	Q	K	Q	K
O	N	M	O	A	J	A	K	R	L	I	K	O	D	L
O	G	U	L	S	N	G	C	A	A	W	G	O	A	L
T	K	B	D	D	G	H	A	I	B	O	E	H	M	T
E	Q	N	A	A	U	T	B	D	I	V	O	T	S	E
R	E	G	G	K	D	A	P	E	E	N	K	U	M	M
A	E	B	K	U	C	A	T	D	W	A	Q	T	B	L
S	I	E	U	K	B	A	O	T	M	Z	G	R	P	E
T	R	C	S	N	I	E	R	A	N	A	N	D	P	H
K	W	H	O	L	N	U	L	I	G	P	L	E	F	G
D	O	U	S	I	O	Y	N	L	K	E	R	L	C	F
T	V	H	L	J	M	U	V	J	H	O	R	S	E	O
J	O	W	B	A	C	K	S	W	I	N	G	Q	G	T
T	O	N	G	V	G	N	I	L	A	E	P	P	A	N
B	L	I	N	E	O	F	T	H	E	B	A	L	L	X

APPEALING

BACK

BACK SWING

BACKSHOT

BALL

BANDAGES

BELL

BOWL-IN

BRAIDED TAIL

BUMP

CHUKKER

DIVOTS

ENDS

GAG BIT

GOAL

HELMET

HOOK

HOOTER

HORSE

KNEEPAD

LINE OF THE BALL

MALLET

REINS

TAIL SHOT

LATE NIGHT TV

```
I N T E R V I E W S N W C Y L
Q P W J J E Z J X E E X P N Z
T A L K S H O W I N E M S I N
H C U O C B J R Z F O O A M F
N H O U S E B A N D G L T G L
M O N O L O G U E Y L C L E N
M Y D E M O C H C T E K S A L
C C S Y O X D L W E T I I R F
M C O L B E R T S I T M C G J
A C L O L I V E R R E M O N T
H A S E K O J C E A R E R O T
O R T V O H O U Y V M L D A K
N S B V T C O T E E A C E H B
S O Z R G I D S M L N F N G K
F N P P R O M O T I O N Q G Z
```

CARSON	INTERVIEW	NOAH
COLBERT	JOKES	O'BRIEN
CORDEN	KIMMEL	OLIVER
COUCH	LETO	PROMOTION
FALLON	LETTERMAN	SKETCH COMEDY
GAMES	MCMAHON	SNL
HOST	MEYERS	TALK SHOW
HOUSE BAND	MONOLOGUE	VARIETY

AT THE AIRPORT

```
X N O Z Y S B Z F S S Q P G E
K R A B U P G R A D E F P C Y
N L V X G W I N D O W S E A T
P B A G G A G E C L A I M S Y
C I F F A R T G U P L L B T T
A I R P L A N E V K L O Q R I
L B Y S L A Y O V E R U R G R
A O N C L Z V L J A I N U I U
N O I T A N I T S E D G N F C
D K K A N I P Q U E U E W T E
I S C K I F I R S T C L A S S
N T E E M I Y I R G A I Y H H
G O H O R W M V C A R R Y O N
U R C F E O S Q A T N I H P Z
D E K F T Y N C C P I L O T J
```

GATE →

AIRPLANE	GATE	SECURITY
BAGGAGE CLAIM	GIFT SHOP	TAKEOFF
BAR	LANDING	TERMINAL
BOOKSTORE	LAYOVER	TRAFFIC
CARRY-ON	LOUNGE	TSA
CHECK-IN	PILOT	UPGRADE
DESTINATION	QUEUE	WIFI
FIRST CLASS	RUNWAY	WINDOW SEAT

MUSIC FESTIVAL

```
X A F X Q N M P A L D U A F D
X S R O D N E V B C Z P O R Y
M H G L A N T E R N S O Q A T
Z F N S N F R I E N D S N E R
N O C N C U Z T V T G O G S C
D L R A I P M O R N I N Q E J
F K A F N V J U I H U S B M W
B K F O G P C P S O C E S A L
G V T Z O K P A L I N G T G P
L R S P S O F P X E C A N Q L
Z Z A J H R I V R J F T E A I
E D M S B V D B E A A S T V G
B U P Y S G L I T T E R B L H
F E N V O T B W A G H T B J T
D C F E R R I S W H E E L T S
```

Dancing in the sun!

ART	FOOD TRUCKS	MUSIC
CRAFTS	FRIENDS	POP
DANCING	GAMES	SHOPPING
EDM	GLITTER	STAGES
FANS	GRASS	TENTS
FASHION	JAZZ	VENDORS
FERRIS WHEEL	LANTERNS	VIP LOUNGE
FOLK	LIGHTS	WATER

BEST BEACHES

```
E R A C E P O I N T E C T S T
V H O C J M T S W U L L I D S
O T K C Q A L M T S T E U O Z
C U S A M L A N O U R M Q C V
E O N U L A I E A R Y R N R S
H S Z R A Q R S C V M A U A I
T O X H Y U V D F I A C G C E
I L D U R I P F R G N R O O S
N G D L E T Y L L O F E R K T
O S R O H E W F C Q F E V E A
N E W P O R T T E K A D A M L
N T L O B T E E R T S K A O Y
A V C E O R A N G E O L S R E
C M O H T T W I E L R U B Y B
D V F S H U N T I N G T O N E
```

"Meet me where the sky touches the sea."
Jennifer Donnelly

BRADFORD	MYRTLE	REHOBOTH
CANNON	NAVARRE	RIALTO
CARMEL	NEWPORT	RUBY
FOLLY	OAK STREET	SIESTA
HULOPOE	OCRACOKE	SOUTH
HUNTINGTON	OGUNQUIT	THE COVE
MADAKET	ORANGE	VENICE
MALAQUITE	RACE POINT	ZUMA

```
M Z E P Z S H I F T I N T X W
J K C E N R E T L A H X Z U E
R C A A T H U M P Y J L A V N
W E L S S B A B Y D O L L M I
X M T A E H U T S X L A H D L
K H U N S M I D I R X R Q A A
A R E T A K S R W R A P M K B
F E H P T I A O T H T A E H S
T R N O I Q E L O S I M A C S
A N H M Q L T J I N M C F H E
N O J B I F S L K C O M S R R
B R P D A N L L P W N M F K D
T P F I V W I R T D L E I H N
H A N D K E R C H I E F P K U
H A O L C B D O N R E I X M S
```

A-LINE	KIMONO	SHIFT
APRON	LACE	SHIRT
BABY DOLL	MAXI	SKATER
BOHO	MIDI	SLIP
CAMISOLE	MINI	SMOCK
HALTER NECK	PEASANT	SUNDRESS
HANDKERCHIEF	PENCIL	TUBE
KAFTAN	SHEATH	WRAP

MELONS

```
X H R G O L D E N P R I Z E P
S A N A N A I J A I L A G S Y
T A P E G W H M T E N M E K V
C N A T W U E H A K B Y H Y B
P A N S C C S D L H T S S R I
V N M S A J E T E O A I Y O T
Q A K G S N C N K D X G O C T
N B Q D A Q L I T E A W C K E
A P L R B M K Y T U E J I E R
L E C O A S Y I L R R N T T A
I M W C V A R J L W O Y A Z P
A F T K W P K O R E A N S E P
B S C Y S R N D C A N A R Y L
X W N D E B O L G Y E N O H E
H O N E Y D E W P E R S I A N
```

You are one in a MELON.

ANANAS	GALIA	PERSIAN
BAILAN	GOLDEN PRIZE	ROCKY
BANANA	HAMI	SATICOY
BITTER APPLE	HONEY GLOBE	SKY ROCKET
CANARY	HONEYDEW	SNAP
CASABA	JADE DEW	SPRITE
CITRON	KOREAN	SUGAR
CRANE	NEW CENTURY	TEN ME

BOATS, BOATS, BOATS

```
D I N G H Y G C E S D S Y Y M
R L I N E R Y A T A O B R I A
E W I R X R Z B N Q K O P T R
N L J T R A W L E R D U O A E
O G K E Q Y V E D I H N N O S
O M F A L D B F O R A F T B I
H H T A O B R E V I R Q O R U
C P S Y Z A A R X E V X O O R
S D R S B N C R T O B J N T C
Z V R A G A E Y V A S N V O N
D F R I L N R Y K E T C H M I
R G Q O F A A A T F M I A I B
E X W J S T H W G O N D O L A
Y A C H T Y E L C A N O E B C
Z T A O B W O R R E M A N P M
```

AIRBOAT	DINGHY	PONTOON
BANANA	DORY	RAFT
BARGE	DRIFTER	RIVERBOAT
BOITA	FERRY	ROWBOAT
BRACERA	GONDOLA	SCHOONER
CABIN CRUISER	KETCH	TRAWLER
CABLE FERRY	LINER	YACHT
CANOE	MOTORBOAT	YAWL

ROCK CLIMBING

```
A E A U R E N I B A R A C W E
L D E V M B S S E X F X Y D F
T I G G C M F G L U R F L A A
I U N G N L D L Y O O O I U B
T G F Z T I E P A A P R C L Q
U R O R R S L F N G E E T K C
D G O T Z S Q C T S S I S L S
E P T Q U Q O N R S J M E I Q
S E H R O H C N A E A M R E Y
H G I L A U E S T N D G C S H
R D L S U M M I T R E N B B R
J E L N L A V E G A N C U A Z
T L S J P H L R O H D B A U O
N F O E L K E R N X T F V F D
T L X L K N T G N A H R E V O
```

ABSEIL	FACE	OVERHANG
ALTITUDE	FLAG	RIDGE
ANCHOR	FOOTHILLS	ROCKS
APEX	GUIDE	ROPES
CARABINER	HARNESS	SLOPE
CLEFT	HEIGHT	SPORT
CLIFF	LEDGE	SUMMIT
CREST	MANTEL	UNDERCLING

```
A T J C T T B T S Z I T C K G
S K O O B E A L H E Y H C X Q
O F L K F K D N F W H T W L N
C K E R S S T I E G N C D C F
F Z S A W A E L P D M K A E A
C W L M T B K Y B G R H R E H
W A S L I S N E T U G A R A P
D R E Z U X A S E P A R G D P
P X L J H C L P S S Z K E A W
C S F A H P B U U N E K M E N
H M P M Z O C J N A B I C R B
I N A P K I N S H C O F A P R
P T W N H N Z H A K H S K S E
S S A R G P H S T M A H E X A
Z C H A R C U T E R I E K Z D
```

Food tastes better when you're enjoying it on a picnic blanket.

BASKET

BEACH

BLANKET

BOOKS

BREAD

CAKE

CHARCUTERIE

CHIPS

DIP

GARDEN

GAZEBO

GRAPES

GRASS

JAM

LUNCH

NAPKINS

PARK

PASTA

PEACHES

SALAD

SNACK

SPREAD

SUNHAT

UTENSILS

ADVENTURE TIME

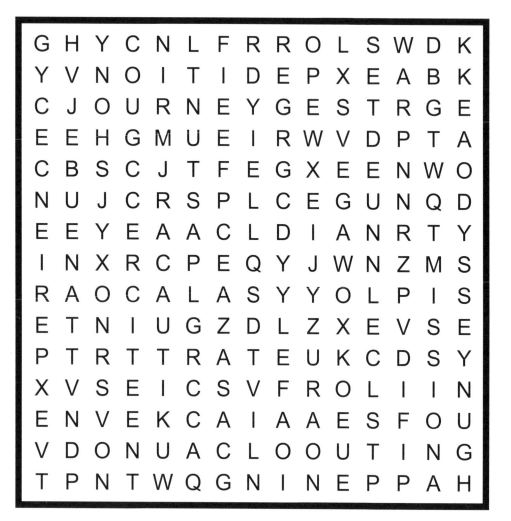

```
G H Y C N L F R R O L S W D K
Y V N O I T I D E P X E A B K
C J O U R N E Y G E S T R G E
E E H G M U E I R W V D P T A
C B S C J T F E G X E E N W O
N U J C R S P L C E G U N Q D
E E Y E A A C L D I A N R T Y
I N X R C P E Q Y J W N Z M S
R A O C A L A S Y Y O L P I S
E T N I U G Z D L Z X E V S E
P T R T T R A T E U K C D S Y
X V S E I C S V F R O L I I N
E N V E K C A I A A E S F O U
V D O N U A C L O O U T I N G
T P N T W Q G N I N E P P A H
```

"I knew when I met you an adventure was going to happen."

Winnie the Pooh

ACTION	EXPERIENCE	OUTING
ANTIC	GEST	PLOY
CAPER	HAPPENING	QUEST
DEED	JAUNT	SAGA
ESCAPADE	JOURNEY	SOUL-SEARCH
EVENT	LARK	STUNT
EXCURSION	MISSION	TREK
EXPEDITION	ODYSSEY	VAGARY

CONDIMENTS AND TOPPINGS

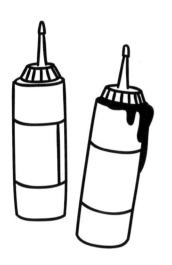

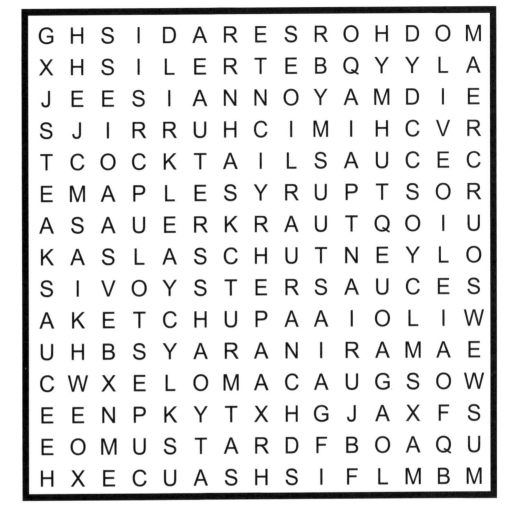

G	H	S	I	D	A	R	E	S	R	O	H	D	O	M
X	H	S	I	L	E	R	T	E	B	Q	Y	Y	L	A
J	E	E	S	I	A	N	N	O	Y	A	M	D	I	E
S	J	I	R	R	U	H	C	I	M	I	H	C	V	R
T	C	O	C	K	T	A	I	L	S	A	U	C	E	C
E	M	A	P	L	E	S	Y	R	U	P	T	S	O	R
A	S	A	U	E	R	K	R	A	U	T	Q	O	I	U
K	A	S	L	A	S	C	H	U	T	N	E	Y	L	O
S	I	V	O	Y	S	T	E	R	S	A	U	C	E	S
A	K	E	T	C	H	U	P	A	A	I	O	L	I	W
U	H	B	S	Y	A	R	A	N	I	R	A	M	A	E
C	W	X	E	L	O	M	A	C	A	U	G	S	O	W
E	E	N	P	K	Y	T	X	H	G	J	A	X	F	S
E	O	M	U	S	T	A	R	D	F	B	O	A	Q	U
H	X	E	C	U	A	S	H	S	I	F	L	M	B	M

AIOLI

CHIMICHURRI

CHUTNEY

COCKTAIL SAUCE

FISH SAUCE

GUACAMOLE

HONEY

HORSERADISH

KETCHUP

MAPLE SYRUP

MARINARA

MAYONNAISE

MUSTARD

OLIVE OIL

OYSTER SAUCE

PESTO

RANCH

RELISH

SALSA

SAUERKRAUT

SOUR CREAM

STEAK SAUCE

TOMATO

WASABI

COOKING TECHNIQUES

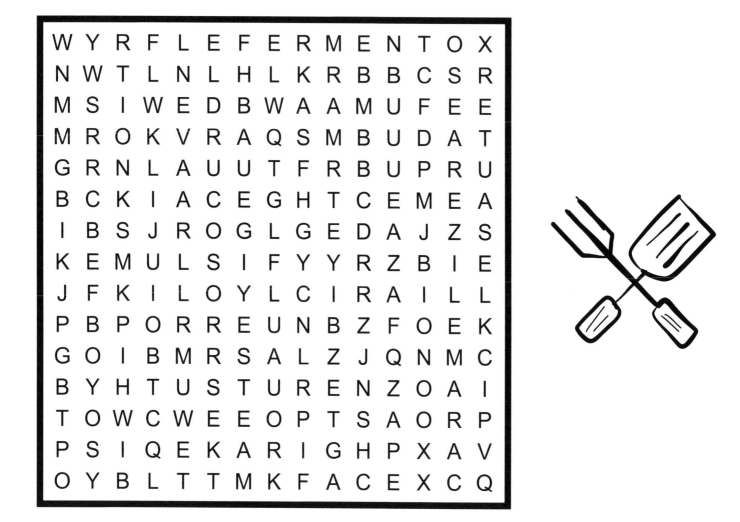

```
W Y R F L E F E R M E N T O X
N W T L N L H L K R B B C S R
M S I W E D B W A A M U F E E
M R O K V R A Q S M B U D A T
G R N L A U U T F R B U P R U
B C K I A C E G H T C E M E A
I B S J R O G L G E D A J Z S
K E M U L S I F Y Y R Z B I E
J F K I L O Y L C I R A I L L
P B P O R R E U N B Z F O E K
G O I B M R S A L Z J Q N M C
B Y H T U S T U R E N Z O A I
T O W C W E E O P T S A O R P
P S I Q E K A R I G H P X A V
O Y B L T T M K F A C E X C Q
```

BAKE	CURDLE	PICKLE
BASTE	CURE	REDUCE
BOIL	EMULSIFY	ROAST
BRAISE	FERMENT	SAUTÉ
BROIL	FLAMBÉ	SEAR
BROWN	GRILL	SMOKE
CARAMELIZE	MARINATE	STEAM
CHOP	PAN-FRY	WHIP

VACATION

```
E M O U N T A I N S T K H X S
R Q C L A S K I I N G P A N K
U J D E E U R O P E G L D A H
T R K V B G A A A M E A I E C
L I F A B A A Z E R A N N A
U W R R I R E S O R T E I A E
C V T T R Y U R S A D T N R B
D S F N A K G P O A F I G R R
F A A G C V S P A I M C N E O
F I M I L E E C S P B K I T A
O L I E F T S H Q K E E P I D
E I L R F R I E N D S T M D T
M N Y O A N U Y K K Y S A E R
I G Q F G E R G P T F W C M I
T K J Y C O C K T A I L S J P
```

"When all else fails, take a vacation."

Betty Williams

BEACH	FAMILY	RELAX
CAMPING	FISHING	RESORT
CARIBBEAN	FOREIGN TRAVEL	ROAD TRIP
COCKTAILS	FRIENDS	RV
CRUISE	MASSAGE	SAILING
CULTURE	MEDITERRANEAN	SKIING
DINING	MOUNTAINS	SPA
EUROPE	PLANE TICKETS	TIME OFF

GAMING

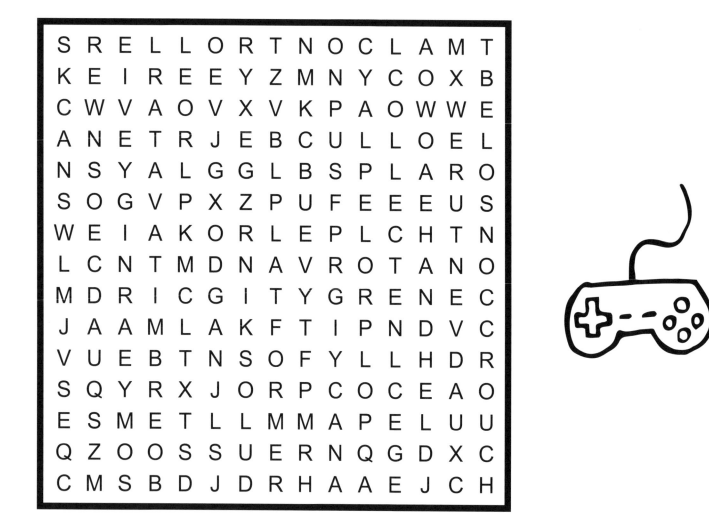

```
S R E L L O R T N O C L A M T
K E I R E E Y Z M N Y C O X B
C W V A O V X V K P A O W W E
A N E T R J E B C U L L O E L
N S Y A L G G L B S P L A R O
S O G V P X Z P U F E E E U S
W E I A K O R L E P L C H T N
L C N T M D N A V R O T A N O
M D R I C G I T Y G R E N E C
J A A M L A K F T I P N D V C
V U E B T N S O F Y L L H D R
S Q Y R X J O R P C O C E A O
E S M E T L L M M A P E L U U
Q Z O O S S U E R N Q G D X C
C M S B D J D R H A A E J C H
```

ACTION	ENERGY	PLATFORMER
ADVENTURE	HANDHELD	ROLE-PLAY
AVATAR	JUMP	SKIN
BOSS	LEVEL UP	SNACKS
COLLECT	MAP	SQUAD
CONSOLE	MOD	STREAM
CONTROLLER	NPC	TOOLS
CROUCH	ONLINE	WEAPON

JUNE CELEBRITY BIRTHDAYS

```
A R U K Q R R Y T B A O R F D
U R V F F L W M H F F J Q J N
N E W P R I N C E U I R O F A
G P V G E I Y C W O R L U U L
Z O N N E V V N I U I L T S L
C O K I M A A E B E H O U D O
L C G L A P L N R H S O E C H
T I R A N P L L S S N O N B A
Z R E K G H A D E R R M R F D
K K B Q M C U N H N T A J X J
A Y L R A M P T O T D Q N A R
S N H Z R U E M S Y N G F O X
P R A T T L R B R E M U H C S
L N W Q I K J Y V U W I H X Z
N G H D N A L R A G K I S R M
```

"It was June,
and the world
smelled of roses."

Maud Hart Lovelace

ALLEN	HADER	MARTIN
BRADY	HOLLAND	MONROE
BURR	HUNT	PRATT
COOPER	JOLIE	PRINCE
EVANS	KALING	RIVERS
FOX	KLUM	SCHUMER
FREEMAN	LAUPER	WAHLBERG
GARLAND	LONG	WEST

SUMMER OLYMPIC SPORTS

```
N F G B A S K E T B A L L U F
O L N J G N I E O N A C L B L
T O I S I N N E T L H A A R L
N G T L S A I L I N G R B F A
I G O Q S H G W B H J C E H B
M Y O G W C G R O L W H S A T
D U H M Q N U S X R Y E A N O
A I S H I V W C I T D R B D O
B S V L B I F A N D L Y U B F
B W C I M E Y B G U R J R A Q
R Y U M N F S U R F I N G L M
C E I C E G W A T E R P O L O
L N I G Y M N A S T I C S B U
G N W E I G H T L I F T I N G
G P B R Z E Q U E S T R I A N
```

ARCHERY	EQUESTRIAN	RUGBY
BADMINTON	FENCING	SAILING
BASEBALL	FOOTBALL	SHOOTING
BASKETBALL	GOLF	SURFING
BOXING	GYMNASTICS	SWIMMING
CANOEING	HANDBALL	TENNIS
CYCLING	JUDO	WATER POLO
DIVING	ROWING	WEIGHTLIFTING

```
O W Y X T L O C E O A P S T O
S H N Y C E K F T K G F A I C
T C O P I S B B O F E J D A A
A Z P O L L A G S A D U D G N
L N R E I N I N J S L M L L T
L D H O R S E S H O E P E T E
I V D G J P F N K R D N E P R
O B O D S E O E E L J H R J G
N R B I R H O G H A Q N P A U
E I U S H W H A V J R B H U H
V D H M G T N S G M T S M B R
R L T O N D E S X A P E I G Q
T E C U Y K N E A R G G C D N
K H O N T O A R N E U P N K E
F M Q T H S M D Q B S O G E T
```

"Summer is singing with joy, and the beaches are inviting you with dancing waves."

Debasish Mridha

AGED	GALLOP	MANE
BRIDLE	GET	MARE
CANTER	HAND	MOUNT
COLT	HARNESS	NEAR SIDE
DISMOUNT	HOOF	PONY
DRESSAGE	HORSESHOE	REIN IN
FOAL	JODHPUR	SADDLE
GAIT	JUMP	STALLION

PALM SPRINGS

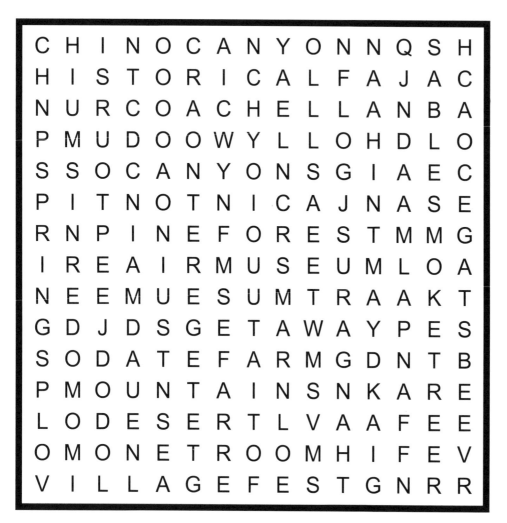

```
C H I N O C A N Y O N N Q S H
H I S T O R I C A L F A J A C
N U R C O A C H E L L A N B A
P M U D O O W Y L L O H D L O
S S O C A N Y O N S G I A E C
P I T N O T N I C A J N A S E
R N P I N E F O R E S T M M G
I R E A I R M U S E U M L O A
N E E M U E S U M T R A A K T
G D J D S G E T A W A Y P E S
S O D A T E F A R M G D N T B
P M O U N T A I N S N K A R E
L O D E S E R T L V A A F E E
O M O N E T R O O M H I F E V
V I L L A G E F E S T G N R R
```

Find happiness where the sun shines.

AIR MUSEUM	GETAWAY	OLD HOLLYWOOD
ART MUSEUM	GOLF	PINE FOREST
CANYONS	HANGAR	POOL
CHINO CANYON	HISTORICAL	SAN JACINTO
COACHELLA	JEEP TOUR	SMOKE TREE
DATE FARM	MODERNISM	SPRINGS
DESERT	MOORTEN	STAGECOACH
FAN PALM	MOUNTAINS	VILLAGEFEST

PLAYGROUND GAMES

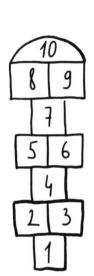

N O D O D G E B A L L O B R N
P W L G B S E E V B C C W E A
O P O F R E E Z E T A G D V C
C E T O B H O T P O T A T O E
C J H S Y P G A T V K O V R H
I N I F P Z S K C A J F J D T
F R S S I M O N S A Y S E K
F K L P I H W E H T K C A R C
A I E M O T H E R M A Y I I I
R C A A M A R C O P O L O L K
T K P R F O U R S Q U A R E A
T B F B H I D E A N D S E E K
Y A R L S T A T U E S Y P U C
A L O E N O H P E L E T I U N
N L G S P A R A C H U T E X D

CRACK THE WHIP

DODGEBALL

FOUR SQUARE

FREEZE TAG

FRISBEE

HIDE-AND-SEEK

HORSE

HOT POTATO

I SPY

JACKS

KICK THE CAN

KICKBALL

LEAPFROG

MARBLES

MARCO POLO

MOTHER, MAY I

PARACHUTE

RED ROVER

SIMON SAYS

SPUD

STATUES

TAG

TELEPHONE

TRAFFIC COP

ROLLER RINK

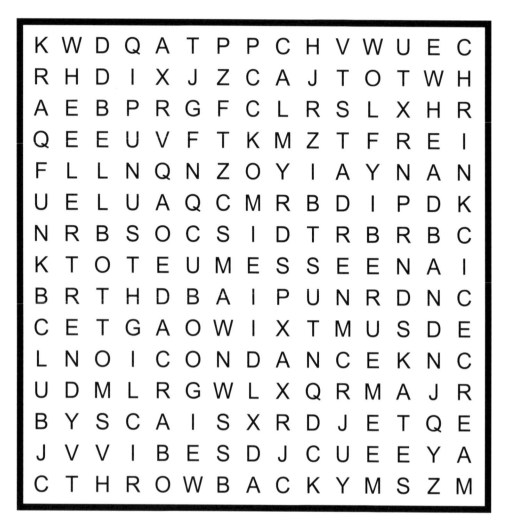

K W D Q A T P P C H V W U E C
R H D I X J Z C A J T O T W H
A E B P R G F C L R S L X H R
Q E E U V F T K M Z T F R E I
F L L N Q N Z O Y I A Y N A N
U E L U A Q C M R B D I P D K
N R B S O C S I D T R B R B C
K T O T E U M E S S E E N A I
B R T H D B A I P U N R D N C
C E T G A O W I X T M U S D E
L N O I C O N D A N C E K N C
U D M L R G W L X Q R M A J R
B Y S C A I S X R D J E T Q E
J V V I B E S D J C U E E Y A
C T H R O W B A C K Y M S Z M

Just roll with it.

ARCADE
BELL BOTTOMS
BOOGIE
CLUB
DANCE
DERBY
DIP
DISCO

FLOW
FUNK
HEADBAND
ICE CREAM
LIGHTS
MUSIC
PARTY
RENTALS

RETRO
RINK
SKATES
SPIN
THROWBACK
TRENDY
VIBES
WHEELER

BASEBALL

A T J E I J V P I T C H E R B
P T J T I I U D N U O M L S Q
F I T Z N D J R T L E X E T N
K M A P N V A T U T I B F R E
N W G I I M A R O G G A T I P
U P W C N M T S T R R S F K L
C H H K G F B U U E A E I E L
K F F O K L A W H N N S E E U
L R L F I Y T C S R D L L R B
E E N F S B T K F O S O D I U
B T L T B A R C D C L A D P X
A T E P C L B O I T A D D M B
L A Y L I L D N H O M E R U N
L B L H V R D K J H S D G D S
L C K A K I T E C S C X O M S

AT BAT	HOT CORNER	PITCHER
BASES LOADED	INNING	SHUTOUT
BATTER	KNOCK	STEAL
BULLPEN	KNUCKLEBALL	STRIKE
CATCHER	LEFT FIELD	TRIPLE
FLY BALL	MITT	UMPIRE
GRAND SLAM	MOUND	WALK-OFF
HOME RUN	PICKOFF	WINDUP

SUMMER SEAFOOD

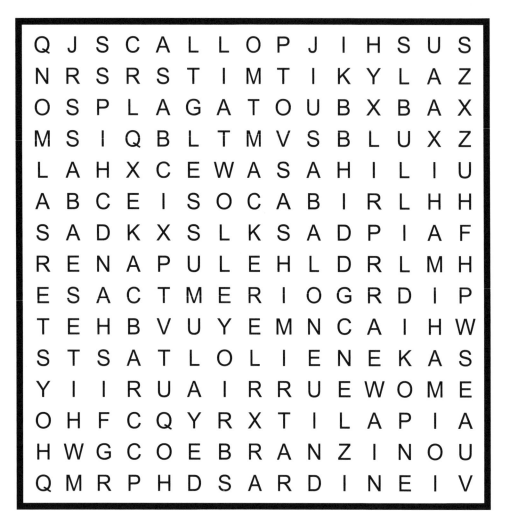

```
Q J S C A L L O P J I H S U S
N R S R S T I M T I K Y L A Z
O S P L A G A T O U B X B A X
M S I Q B L T M V S B L U X Z
L A H X C E W A S A H I L I U
A B C E I S O C A B I R L H H
S A D K X S L K S A D P I A F
R E N A P U L E H L D R L M H
E S A C T M E R I O G R D I P
T E H B V U Y E M N C A I H W
S T S A T L O L I E N E K A S
Y I I R U A I R R U E W O M E
O H F C Q Y R X T I L A P I A
H W G C O E B R A N Z I N O U
Q M R P H D S A R D I N E I V
```

Happy as a clam.

ABALONE	MACKEREL	SCALLOP
BRANZINO	MAHI MAHI	SHRIMP
CLAM	MUSSEL	SUSHI
COD	OYSTER	TILAPIA
CRAB CAKE	POKI	TROUT
FISH AND CHIPS	SALMON	TUNA
HALIBUT	SARDINE	WHITE SEABASS
HERRING	SASHIMI	YELLOWTAIL

SUNNY DAYS

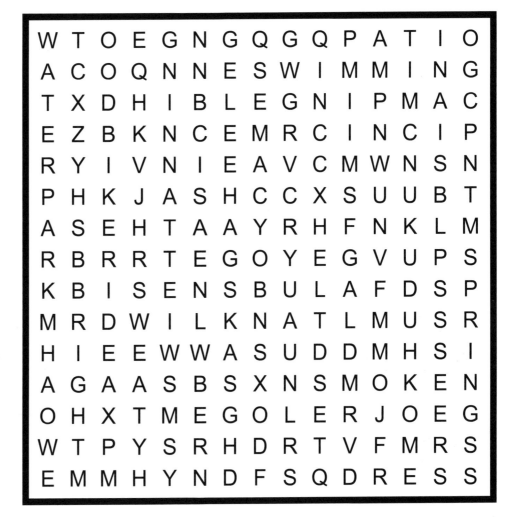

W	T	O	E	G	N	G	Q	G	Q	P	A	T	I	O
A	C	O	Q	N	N	E	S	W	I	M	M	I	N	G
T	X	D	H	I	B	L	E	G	N	I	P	M	A	C
E	Z	B	K	N	C	E	M	R	C	I	N	C	I	P
R	Y	I	V	N	I	E	A	V	C	M	W	N	S	N
P	H	K	J	A	S	H	C	C	X	S	U	U	B	T
A	S	E	H	T	A	A	Y	R	H	F	N	K	L	M
R	B	R	R	T	E	G	O	Y	E	G	V	U	P	S
K	B	I	S	E	N	S	B	U	L	A	F	D	S	P
M	R	D	W	I	L	K	N	A	T	L	M	U	S	R
H	I	E	E	W	W	A	S	U	D	D	M	H	S	I
A	G	A	A	S	B	S	X	N	S	M	O	K	E	N
O	H	X	T	M	E	G	O	L	E	R	J	O	E	G
W	T	P	Y	S	R	H	D	R	T	V	F	M	R	S
E	M	M	H	Y	N	D	F	S	Q	D	R	E	S	S

BEACH

BIKE RIDE

BRIGHT

CAMPING

DRESS

FUN

HAT

HIKING

HOT

ICE CREAM

OUTDOORS

PATIO

PICNIC

RELAX

SHORTS

SPRING

SUMMER

SUNGLASSES

SUNSCREEN

SUNSET

SWEATY

SWIMMING

TANNING

WATER PARK

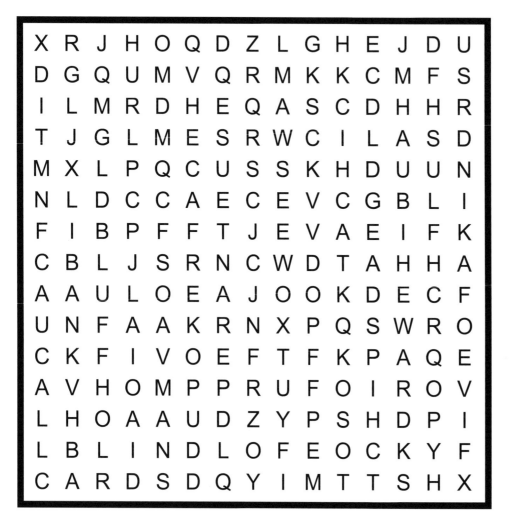

POKER NIGHT

```
X R J H O Q D Z L G H E J D U
D G Q U M V Q R M K K C M F S
I L M R D H E Q A S C D H H R
T J G L M E S R W C I L A S D
M X L P Q C U S S K H D U U N
N L D C C A E C E V C G B L I
F I B P F F T J E V A E I F K
C B L J S R N C W D T A H H A
A A U L O E A J O O K D E C F
U N F A A K R N X P Q S W R O
C K F I V O E F T F K P A Q E
A V H O M P P R U F O I R O V
L H O A A U D Z Y P S H D P I
L B L I N D L O F E O C K Y F
C A R D S D Q Y I M T T S H X
```

Sunrise, sunburn, sunset, repeat.

ACE	CARDS	HAND
ALL-IN	CHECK	HIGH CARD
ANTE	CHIPS	JOKER
BANK	DEUCE	ONE PAIR
BET	DRAW	OVERS
BLIND	FIVE OF A KIND	POKER FACE
BLUFF	FLUSH	POT
CALL	FOLD	RAISE

SUMMER JOBS

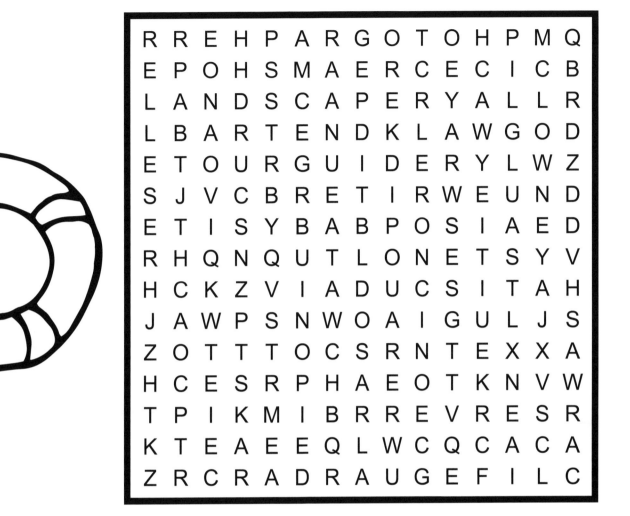

```
R R E H P A R G O T O H P M Q
E P O H S M A E R C E C I C B
L A N D S C A P E R Y A L L R
L B A R T E N D K L A W G O D
E T O U R G U I D E R Y L W Z
S J V C B R E T I R W E U N D
E T I S Y B A B P O S I A E D
R H Q N Q U T L O N E T S Y V
H C K Z V I A D U C S I T A H
J A W P S N W O A I G U L J S
Z O T T T O C S R N T E X X A
H C E S R P H A E O T K N V W
T P I K M I B R R E V R E S R
K T E A E E Q L W C Q C A C A
Z R C R A D R A U G E F I L C
```

BABYSIT

BARISTA

BARTEND

CAMP COUNSELOR

CAR WASH

CASHIER

CLOWN

COACH

DESIGNER

DOG WALK

ETSY

ICE CREAM SHOP

LANDSCAPER

LIFEGUARD

PET SIT

PHOTOGRAPHER

PLANT SIT

RESELLER

SERVER

TOUR GUIDE

TUTOR

VALET

WOODWORKER

WRITER

SUMMER OF '69

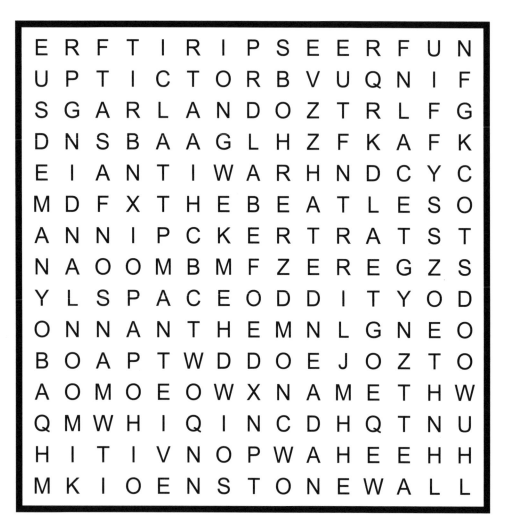

```
E R F T I R I P S E E R F U N
U P T I C T O R B V U Q N I F
S G A R L A N D O Z T R L F G
D N S B A A G L H Z F K A F K
E I A N T I W A R H N D C Y C
M D F X T H E B E A T L E S O
A N N I P C K E R T R A T S T
N A O O M B M F Z E R E G Z S
Y L S P A C E O D D I T Y O D
O N N A N T H E M N L G N E O
B O A P T W D D O E J O Z T O
A O M O E O W X N A M E T H W
Q M W H I Q I N C D H Q T N U
H I T I V N O P W A H E E H H
M K I O E N S T O N E W A L L
```

> "Smell the sea, and feel the sky. Let your soul and spirit fly."
> *Van Morrison*

A BOY NAMED SUE	GARLAND	ONO
ALI	HEE HAW	SPACE ODDITY
ANTHEM	LENNON	STAR TREK
ANTI-WAR	LOVE	STONEWALL
ART	MANSON	THE BEATLES
BOWIE	MOON LANDING	THE WHO
FRANKLIN	NAMETH	VIETNAM
FREE SPIRIT	NIXON	WOODSTOCK

TROPICAL FRUITS

```
N O O B L N O L E M R E T A W
A O J A C A Y A P A P G F P V
I D D N V G C E M R T H G I I
R Z W A H A R D N L G J P W A
U I V N C S U A P Q A I I N T
D C H A I O G G P T N K F A I
R O L M O N V M O E Z M C M U
N C M Y O R D A A G S K T O R
C O C L C U A P K A E A H D F
N N A H L H P N J E M U L M N
D U A E I L E I G A P S A K O
R T M R E K W E R E T N A P G
C O A O A Q O I G F G L Y E A
N H J K A K N O K O A T D T R
E L P P A D R A T S U C O Q D
```

ACKEE	DURIAN	MANGO
AMLA	FIG	ORANGE
AVOCADO	GRAPES	PAPAYA
BANANA	GUAVA	PERSIMMON
CHIKOO	KIWI	PINEAPPLE
COCONUT	LEMON	SALAK
CUSTARD APPLE	LONGAN	TAMARIND
DRAGON FRUIT	LYCHEE	WATERMELON

WEST COAST

```
O U T D O O R M A L L S H P F
G B I G S U R U S L E Y A C Q
C B U U Y H Z F B O T C Z T P
S P N N I Q F C J I I H A K H
Y N Y A B I O R S F L C C D E
Y G B W L F E R I W A A A N L
O N G C F D E C C D B E M V T
S I O E A V O I Z D M B G V T
E S E R I C A L I F O R N I A
M I T D E Q J A Y E X D N Z E
I U C A K G L Y W R H N K Z S
T R N T U D O E K U O Z E N Y
E C A T A L I N A U X H T H Y
Y E G A T N I V T F J O R D P
L D F K E R U T L U C B E H Y
```

SAND-sational
Summer

BAY

BEACH

BIG SUR

CALIFORNIA

CATALINA

CLIFFS

COFFEE

CRUISING

CULTURE

DIVERSITY

FJORD

IN-N-OUT

LAID-BACK

MALIBU

OREGON

OUTDOOR MALL

PACIFIC OCEAN

PCH

SEATTLE

SUNNY

TRADER JOE'S

VINTAGE

YOSEMITE

ZEN

TENNIS

```
H Q L Z D A E H R E V O E F H
O N M K H K F Z N T Y E V X I
R D O R I L H I W E R O O J T
J P K S K K L L C S L U L U M
T T O A L E U E I L G L O J X
A E V I S I Z T E Y Z O O C B
P I K A N S W Y L C V X F K V
F U B C E T L L M E O B F X V
F Q C R A T A T R D F A I R Z
D C V Q D R E R S Z Y T C N F
E E D O M C U N D E J R I H S
A L U A N L T I E B R E A K A
C R T C E P I R G D L E L X M
E C J Z E M A K V P E A N J L
H Y D O U B L E F A U L T A R
```

ACE	LOVE	RACKET
BASELINE	MATCH	RALLY
COACH	NET	SERENA
COURT	OFFICIAL	SERVE
DEUCE	OVERHEAD	SET
DOUBLE FAULT	OVERRULE	TIEBREAK
GRIP	POINT	VOLLEY
LET	QUIET	WILSON

SUMMERTIME MOVIES

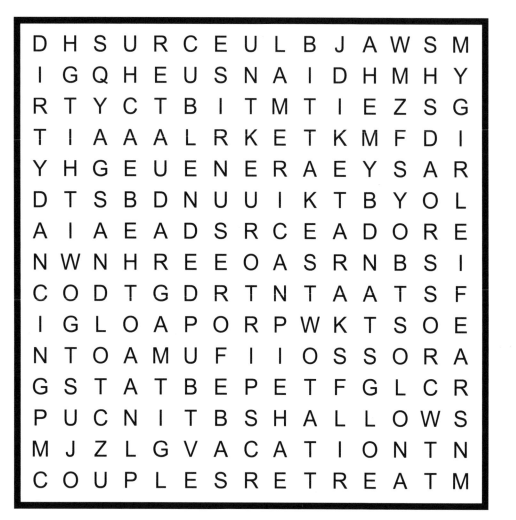

```
D H S U R C E U L B J A W S M
I G Q H E U S N A I D H M H Y
R T Y C T B I T M I E Z S G
T I A A A L R K E T K M F D I
Y H G E U E N R A E Y S A R
D T S B D N U U I K T B Y O L
A I A E A D S R C E A D O R E
N W N H R E E O A S R N B S I
C O D T G D R T N T A A T S F
I G L O A P O R P W K T S O E
N T O A M U F I I O S S O R A
G S T A T B E P E T F G L C R
P U C N I T B S H A L L O W S
M J Z L G V A C A T I O N T N
C O U P L E S R E T R E A T M
```

ADORE	DIRTY DANCING	LOST BOYS
AMERICAN PIE	EUROTRIP	MY GIRL
BEFORE SUNRISE	FEAR	SANDLOT
BLENDED	GRADUATE	SHALLOWS
BLUE CRUSH	IT TAKES TWO	STAND BY ME
CAMP ROCK	JAWS	THE BEACH
COUPLES RETREAT	JUST GO WITH IT	TIN CUP
CROSSROADS	KARATE KID	VACATION

TACO NIGHT

```
P L U E N O I N O L B A I X E
L E T T U C E R L T S Y B M K
S U M O J I T O L L T A I R V
E N J L W P A Q A A T L H E U
C O A E R G I S G T L G A L K
U I J E J H J H E I S I R O K
A F R S B R U R D R O J D M H
S E M C I A E W O A U I S A C
T Q S C H D L M C G R C H C A
O T E E F I S W I R C A E A R
H L U I E S C H P A R M L U N
K H S S C H F K R M E A L G I
K H D M H O C X E I A B S L T
S A L L I T R O T N M N R M A
B N E C I L A N T R O P M S S
```

"Summer has a flavor like no other. Always fresh and simmered in sunshine."

Oprah Winfrey

BATTERED FISH

BEANS

CARNITAS

CHEESE

CHICKEN

CILANTRO

CORN

ELOTE

GUACAMOLE

HARD SHELLS

HOT SAUCE

JICAMA

LETTUCE

LIME

MARGARITA

MOJITO

ONION

PICO DE GALLO

RADISH

RICE

SALSA

SHRIMP

SOUR CREAM

TORTILLAS

WET THINGS

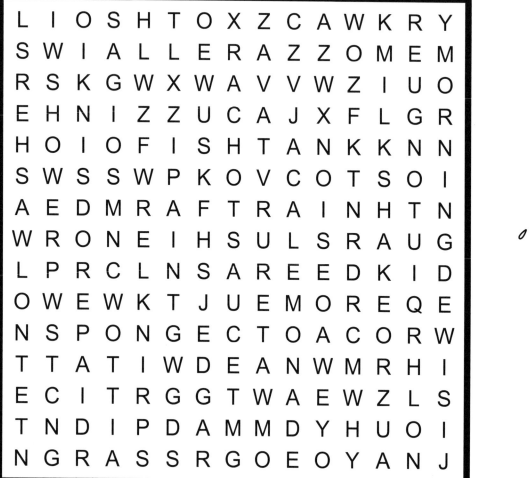

```
L I O S H T O X Z C A W K R Y
S W I A L L E R A Z Z O M E M
R S K G W X W A V V W Z I U O
E H N I Z Z U C A J X F L G R
H O I O F I S H T A N K K N N
S W S S W P K O V C O T S O I
A E D M R A F T R A I N H T N
W R O N E I H S U L S R A U G
L P R C L N S A R E E D K I D
O W E W K T J U E M O R E Q E
N S P O N G E C T O A C O R W
T T A T I W D E A N W M R H I
E C I T R G G T W A E W Z L S
T N D I P D A M M D Y H U O I
N G R A S S R G O E O Y A N J
```

DIAPER
FISH TANK
GRASS
HOT SAUCE
ICE
JACUZZI
LEMONADE
MILKSHAKE

MOP
MORNING DEW
MOZZARELLA
PAINT
RAIN
SHORE
SHOWER
SINK

SLUSHIE
SNOW
SOIL
SPONGE
SPRINKLER
TONGUE
WASHER
WATER

```
Y L A N O S A E S S V B F G Q
N R C C S E A S Y C S S R B O
M A S B D L E T U I W O U X O
N E Y H Z E E C A N E A S B S
U S E Y A N E K I E H K L Z P
S N S O S D I W R T W A S P R
R K A S F U E O A O S S T O I
S K I B A W N Q C E N L R B N
T W L M U N H G K C S S O M K
S X I X N C D K L Y W Z H S L
H S N M N Z S A C A W B S Z E
O H G J S H E L L D S V G X R
P O E L I M S O R S I S G L U
J R T Z F F Y L W M X U E L X
H E W N A Y D N A C R U O S V
```

Hello, summer!

SAILING

SANDALS

SCUBA

SEA

SEAR

SEASONAL

SEAWEED

SHADE

SHELL

SHOP

SHORE

SHORTS

SMILE

SNORKEL

SOAK

SOLSTICE

SOUR CANDY

SPRINKLER

SUN

SUNGLASSES

SUNHAT

SURF

SWEAT

SWIM

ISLAND DESTINATIONS

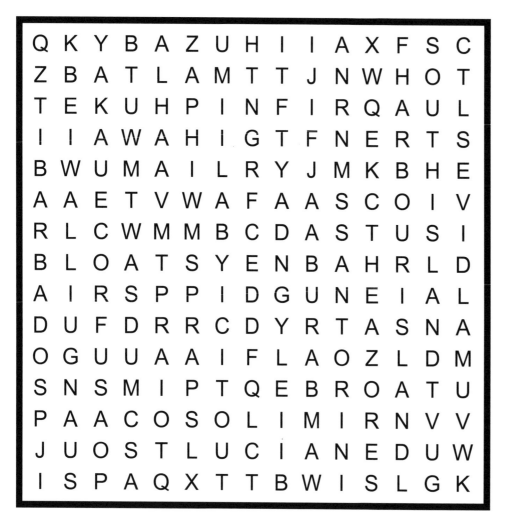

```
Q K Y B A Z U H I I A X F S C
Z B A T L A M T T J N W H O T
T E K U H P I N F I R Q A U L
I I A W A H I G T F N E R T S
B W U M A I L R Y J M K B H E
A A E T V W A F A A S C O I V
R L C W M M B C D A S T U S I
B L O A T S Y E N B A H R L D
A I R S P P I D G U N E I A L
D U F D R R C D Y R T A S N A
O G U U A A I F L A O Z L D M
S N S M I P T Q E B R O A T U
P A A C O S O L I M I R N V V
J U O S T L U C I A N E D U W
I S P A Q X T T B W I S L G K
```

ANGUILLA	HARBOUR ISLAND	PHUKET
ARUBA	HAWAII	SANTORINI
BALI	KAUAI	SOUTH ISLAND
BARBADOS	MADEIRA	ST LUCIA
CAPRI	MALDIVES	ST MARTIN
CORFU	MALTA	TAHITI
CYPRUS	MAUI	THE AZORES
FIJI	MÌLOS	TURKS AND CAICOS

WINE NIGHT

```
F T R P H V K W X A R N D M M
E S A U V I G N O N B L A N C
C A Q A S T I S P U M A N T E
C N A R F T E N R E B A C E Q
H E A U S L E S E Y G C O Q N
P Y B T O B W B O L L E R B A
I R N L L J A C M A N C T A N
N R O U A N X T R O F S E R G
O E S S Y M O E R B S D S O I
T H H L E L T A M H O C E L R
B S U B R N M U K C I J A O A
L S J E D A S I E N R A Y T C
A P M T Z C Y T Y A R G E B O
N C A V A K T K M E P O R T P
C K X T C O L O M B A R D T I
```

"It's a smile, it's a kiss, it's a sip of wine... It's summertime!"

Kenny Chesney

AMARONE

ARNEIS

ASTI SPUMANTE

AUSLESE

BANYLUS

BAROLO

BLUSH

BOAL

CABERNET FRANC

CARIGNAN

CAVA

CLARET

COLOMBARD

CORTESE

DOCETTO

MALBEC

MERLOT

MOSCATO

MUSCAT

PINOT BLANC

PORT

ROSÉ

SAUVIGNON BLANC

SHERRY

HOTEL STAYS

```
H S H E E T S V Z P G B F H M
A L P E N T H O U S E Y R Q H
I E S I C E B U C K E T O Y O
R W A P L D C H E C K I N A U
D O F K E Y C A R D V O T W S
R T E B K S E D P N I V D A E
Y A T S D E D N E T X E E L K
E E M E T I U S A R A X S L E
R N N D N R E C G R O G K O E
E M V O D B A M I N I B A R P
W Z B F H V L O T I O N E H I
O W O O G P R Z W W F N X S N
E C I V R E S M O O R I F B G
D V V G A R D E N V I E W Y L
Y B C O F F E E M A K E R V K
```

BED	HOUSEKEEPING	ROLLAWAY
CHECK-IN	ICE BUCKET	ROOM SERVICE
COFFEEMAKER	KEY CARD	SAFE
DESK	LOTION	SHEETS
EXTENDED STAY	MINI BAR	SUITE
FRONT DESK	PENTHOUSE	TOWELS
GARDEN-VIEW	PHONE	VACATION
HAIR DRYER	ROBES	WIFI

```
E M Q F G P Y M B F Z K B A Y
V G J R D I I E I A G M X U S
R R Y E E L E L F N S K C I P
E E K S J C L O A U E K V P O
S E G H R F D N J P Q D E O F
E N J G S E K S M C X P R T L
R B L B P E B W C F O B V A T
P E A T O L P M Y P A R A T G
L A B S R T A I U U Y R N O U
E N O P C D U N R C Q Y M E U
T S R E S V N Y T N U O B S L
T E T A G I R R I O M C P K Z
U T O S S N E L B A T E G E V
C A R R O T S S L D D G C C I
E Z I E X O G N I N R O M R G
```

"Summertime is always the best of what might be."
Charles Bowden

BASKET	FARM	MORNING
BOUNTY	FRESH	PEAS
CARROTS	GARDEN	PICK
CLIP	GREEN BEANS	POTATOES
CORN	IRRIGATE	PRESERVE
CROPS	LABOR	RIPE
CUCUMBER	LETTUCE	VEGETABLE
EGGPLANT	MELONS	YIELD

TREE HOUSE

```
I M A G I N A T I O N A B Y E
W O O D S O U T S I D E W L S
S L E E P O V E R Y W R O V X
C W V E E L C L I M B O D Y T
L H Y R T O A V W X K P N C R
U B H U S N F Y M O D E I Q O
B A A T N M S Z U C U N W B F
H C M A E R W T E N O G R A C
O K M N D O I O N G A A B G D
U Y O N I F N L U Y D N O G
S A C P L T G A N C E I W Z Z
E R K K S A Q D H C L H Z G R
Z D R R W L X D K I D O W E S
E D I H R P F E A L Q Y Y J T
R I H F I M R R L W A S U I U
```

BACKYARD	HIDE	RAILING
BRANCH	IMAGINATION	ROPE
CARGO NET	LADDER	SLEEPOVER
CLIMB	LOOKOUT	SLIDE
CLUBHOUSE	NATURE	STEPS
DECK	OUTSIDE	SWING
FORT	PLATFORM	WINDOW
HAMMOCK	PLAY	WOOD

Make it
a summer
you'll always
remember, with
people you'll
never forget.

```
L W U D I N N E R A F K V Q N
M K K T N E V E C F V L I Z H
E J V X A T D T H G U A L S T
E X S D N E I R F J E G L H R
T T T B S V O S O E V A A O E
I T J R I C C K I S O T G P C
N O C T O R E P K V L H E P N
G G Y A O V Y U M Z Q E E I O
C E E W R B E O J D X R J N C
O T D Z B E H R C F A I Q G D
M H W O Q W T G T H G N P X B
P E H X Q V J N S H G G C Q G
A R A L U P O P I N V I T E V
N R H X D W X K H K E I S R T
Y N K P Z K I K F U L M O F P
```

ACTIVITY	FRIENDS	LOVE
COMPANY	GATHERING	MEETING
CONCERT	GROUP	POPULAR
CROWD	HOBBY	SHARE
DANCE	INTERACT	SHOPPING
DINNER	INVITE	TOGETHER
EVENT	JOKE	VILLAGE
EXTROVERT	LAUGH	VISIT

ON THE BALCONY

```
E C D A S N S H E L V E S Q J
E A F S Z E C S T N A L P V G
W C X A L E R A S U N R I S E
I H W D H R M S L X W N Q X T
N H N E M C F C V M E K P U E
D A T C K S D I M S R D L S S
C D N A C G N I R E T A W P N
H Y E E U X H E P E B T I M U
I Z L P J V W O K A P L W R S
M O U Z R O T B R H L I Y Z B
E C C I L S R B V O Z C T S U
S K C F Q E E B W I Z F K I R
L K U Q E C F S N R E T N A L
G Z S Z U V P L E E H W N I P
R V E E S U N S H I N E S Q Z
```

"We know summer is the height of being alive."
Gary Shteyngart

BARBECUE	PEACE	SUCCULENT
BREEZE	PILLOWS	SUNRISE
CALM	PINWHEEL	SUNSET
CANDLE	PLANTS	SUNSHINE
COZY	POTS	VIEWS
FIRE PIT	RELAX	VINES
FLOWERS	SCREEN	WATERING CAN
LANTERN	SHELVES	WIND CHIMES

JULY CELEBRITY BIRTHDAYS

```
G K A L N A U Z T J U X L C S
S Y P Q D Y O R K Y A L N L H
R E M S X T U P Y Z E M O G M
N A W E V O L S O R N V O Y Q
E J J I U E I O R E I G S L W
C K E I T H R E H T S I E T Q
T R Y A J H F G Z A M Q M V D
G E G H Z K E B A O N T F R S
S K K M A O R R N R T O O R P
I A B Q F O D K S O A F L A A
W T L A L W O I I R C N L T D
E I D I H E D L I E E A E S E
L H N Y A S L G V E O E B L I
B W E Z R E Z D R R I O O A R
F X I V T U Z G W G F H F N J
```

AYKROYD

BACON

BELL

BROLIN

DAFOE

ELLIOTT

FERRELL

FORD

GOMEZ

GREEN

GREER

HART

KEITH

LEWIS

LOHAN

LOVE

LOVITZ

OH

SIMON

SPADE

STARR

VERGARA

WHITAKER

WITHERS

THROUGH THE LENS

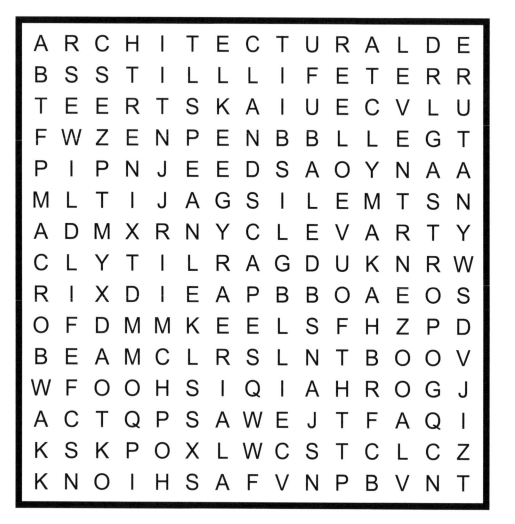

```
A R C H I T E C T U R A L D E
B S S T I L L I F E T E R R
T E E R T S K A I U E C V L U
F W Z E N P E N B B L L E G T
P I P N J E E D S A O Y N A A
M L T I J A G S I L E M T S N
A D M X R N Y C L E V A R T Y
C L Y T I L R A G D U K N R W
R I X D I E A P B B O A E O S
O F D M M K E E L S F H Z P D
B E A M C L R S L N T B O O V
W F O O H S I Q I A H R O G J
A C T Q P S A W E J T F A Q I
K S K P O X L W C S T C L C Z
K N O I H S A F V N P B V N T
```

Picture
Perfect
Summer

ABSTRACT	FINE-ART	SPORTS
AERIAL	FOOD	STILL LIFE
ARCHITECTURAL	INFANT	STOCK
ASTRO	LANDSCAPE	STREET
COMMERCIAL	MACRO	TRAVEL
EVENT	MOBILE	WEATHER
FAMILY	NATURE	WEDDING
FASHION	PET	WILDLIFE

HOBBIES

```
P W E G V G C T A I C H I G G
U J G N F N W X C K A L L N N
P G N I G I M Z N D W N L I I
P N I C N Y Y R T E O P U T H
E I L N I A J S Y A L P S O C
T T I A L L G K W V P G T O T
R C A D G P N Y H R O N R H I
Y E S L G E I D I D T I A S T
X L A A U L L I T E T N T B S
G L R D J O L V T S E E I R S
A O A R I R I I L I R D N E S
M C P N U N R N I G Y R G W O
I H I K I N G G N N O A J I R
N S T A N D U P G V G G V N C
G C A L L I G R A P H Y W G K
```

BREWING	GARDENING	PUPPETRY
CALLIGRAPHY	GRILLING	READING
COLLECTING	HIKING	ROLE PLAYING
COSPLAY	ILLUSTRATING	SHOOTING
CROSS-STITCHING	JUGGLING	SKY DIVING
DANCING	PARASAILING	STAND-UP
DESIGN	POETRY	TAI CHI
GAMING	POTTERY	WHITTLING

PERSONAL GROWTH

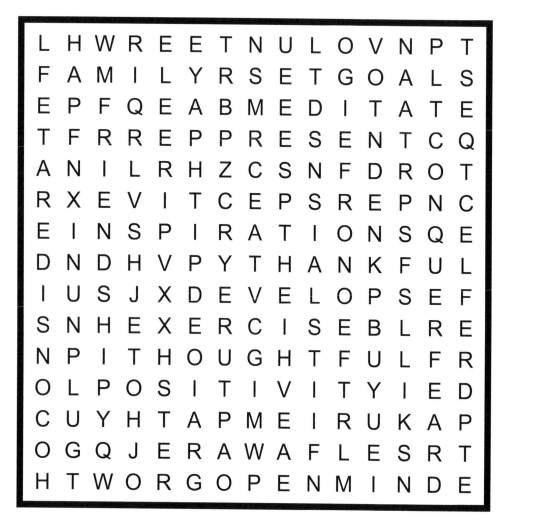

```
L H W R E E T N U L O V N P T
F A M I L Y R S E T G O A L S
E P F Q E A B M E D I T A T E
T F R R E P P R E S E N T C Q
A N I L R H Z C S N F D R O T
R X E V I T C E P S R E P N C
E I N S P I R A T I O N S Q E
D N D H V P Y T H A N K F U L
I U S J X D E V E L O P S E F
S N H E X E R C I S E B L R E
N P I T H O U G H T F U L F R
O L P O S I T I V I T Y I E D
C U Y H T A P M E I R U K A P
O G Q J E R A W A F L E S R T
H T W O R G O P E N M I N D E
```

CONQUER FEAR	GROWTH	REFLECT
CONSIDERATE	INSPIRATION	SELF-AWARE
DEVELOP	LEARN	SET GOALS
EMPATHY	MEDITATE	SKILLS
EXERCISE	OPEN MIND	THANKFUL
EXPRESSION	PERSPECTIVE	THOUGHTFUL
FAMILY	POSITIVITY	UNPLUG
FRIENDSHIP	PRESENT	VOLUNTEER

```
J T A S E M O N I S A B E N P
X H S L I O S L A R E N I M F
T G X Q L S A N D S T O R M N
Q U T X W Y D V Y V V C S S G
Q O B H C U V S T J A R I H N
L R I Y G C O L D N I G H T S
I D M O E I Z C A M E L F X L
Z B Q A C L L S P U N D B E H
A U X S H A L N C F U J V W T
R T T I F E C A U O D A R I D
D T R S O A A T V S R R Y N W
M E B A R R E N U G D P P X F
Q S K C O R Z R V S U P I L Q
S N O Y N A C W D L K I M O A
P L A T E A U M O U N T A I N
```

"'Cause a little bit of summer is what the whole year is all about."

John Mayer

ARID	COLD NIGHTS	OASIS
ATV	DROUGHT	PLATEAU
BARREN	DUNE	ROCKS
BASIN	GRAVEL	SAND
BUTTE	LIZARD	SANDSTORM
CACTUS	MESA	SCORPION
CAMEL	MINERAL SOIL	SUNLIGHT
CANYON	MOUNTAIN	VALLEY

ICE __

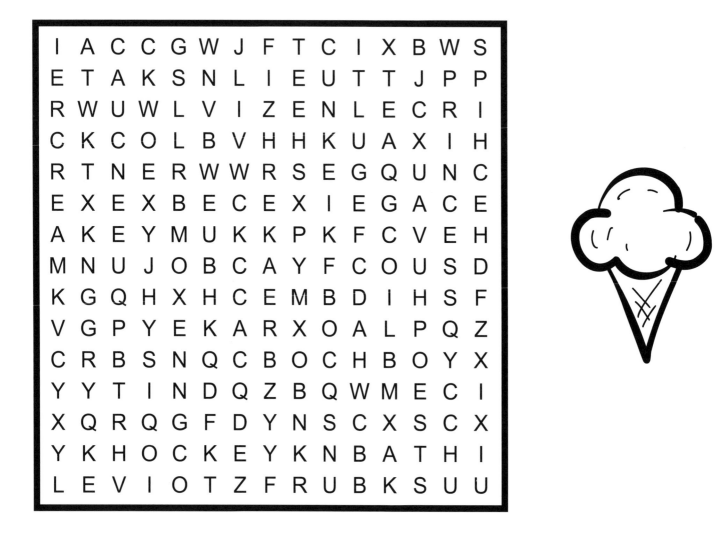

```
I A C C G W J F T C I X B W S
E T A K S N L I E U T T J P P
R W U W L V I Z E N L E C R I
C K C O L B V H H K U A X I H
R T N E R W W R S E G Q U N C
E X E X B E C E X I E G A C E
A K E Y M U K K P K F C V E H
M N U J O B C A Y F C O U S D
K G Q H X H C E M B D I H S F
V G P Y E K A R X O A L P Q Z
C R B S N Q C B O C H B O Y X
Y Y T I N D Q Z B Q W M E C I
X Q R Q G F D Y N S C X S C X
Y K H O C K E Y K N B A T H I
L E V I O T Z F R U B K S U U
```

AGE	COLD	PACK
BATH	CREAM	PICK
BLOCK	CUBE	PRINCESS
BOX	FISHING	QUEEN
BREAKER	HOCKEY	RINK
CAP	ICE BABY	SHEET
CHEST	LUGE	SKATE
CHIPS	MAKER	TEA

SUMMER FOOD

```
A Y E D A N O M E L M N C H P
L H S E O T A M O T R O S O T
E U C E B R A B Q O Y I P S D
N D J J D Y J N C S F S B A S
D M A C M A C X T H I Q L E E
C S A L A D M E S C N C A P I
A R H Q A P R E L S Z J C R R
H S A U Q S R E M M U S K E R
P H K B M F A E S O L P B D E
E O H T S M Z T S B H E E W B
P T F E C M U D S E J A R O W
P D P M I R H S V A V C R R A
E O C L A M B A K E P H I C R
R G S N O W C O N E S E E C T
S S H A M B U R G E R S S G S
```

Sunny Side Up

BARBECUE	HAMBURGERS	PEPPERS
BLACKBERRIES	HOMEMADE	POPSICLE
CAPRESE	HOT DOGS	SALAD
CLAM BAKE	HUMMUS	SHRIMP
CORN	LEMONADE	SNOW CONES
CRABS	OYSTERS	STRAWBERRIES
CROWDER PEAS	PASTA SALAD	SUMMER SQUASH
FRESH FISH	PEACHES	TOMATOES

SUMMER SCHOOL

R B K P R E R E Q U I S I T E
Y L U J K Y H U O L Z Y T S A
Y A A I V A I T B O Q Y S X D
W C M N L Z B B Q X A A U D V
S K Z Y Z T X X U R Y A G E A
T B R E D N I B H E U I U S N
S O S F C F A O P T E E A K C
E A S A O C M O F A I L E D E
T R E L K E T X Q K B P N G D
X D D P W P T E J E R B Z X G
J E A O A E P L A N N E R C B
R C R L K N R T F P A P E R O
K K G A N S E S R U O C R C O
E C I O H C E L P I T L U M K
S P E C I A L I Z E D V P N S

It's always
summer
somewhere.

ADVANCED	ESSAY	PAPER
AUGUST	FAILED	PENS
BACKPACK	FOLDER	PLANNER
BINDER	GRADES	PREREQUISITE
BLACKBOARD	HOMEWORK	QUIZZES
BOOKS	JULY	RETAKE
COURSES	LAPTOP	SPECIALIZED
DESK	MULTIPLE CHOICE	TESTS

NHL PLAYOFFS

```
N X R I D S S E C N J H K P T
K R R W W R G N R I J C C T L
N T E E S N A E E L C N I Y W
I A E T I O T C F T A I T T O
R P N D S S V J D E E L S E B
Y J D E A E L E T L L C T S L
S A Y E R K W E R Z I Z L P L
P C M M A A C A A T M W T U E
V U T T H O S I T D I K V I B
P A C I F I C E R L N M D X P
F W W K V D O S R T A Z E N M
D I V I S I O N S I T N C G A
C O N N S M Y T H E E A T T C
S T A N L E Y C U P D S H I O
B E S T O F S E V E N T L U C
```

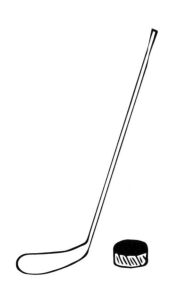

ARENA

ATLANTIC

BEST OF SEVEN

CAMPBELL BOWL

CLINCH

CONNSMYTHE

DIVISIONS

EASTERN

ELIMINATED

HAT-TRICK

LEAD

NET

OVERTIME

PACIFIC

PADDING

PUCK

RINK

SERIES

STANLEY CUP

STICK

SWEEP

UPSET

WESTERN

WILD CARD

SUMMER WEDDING

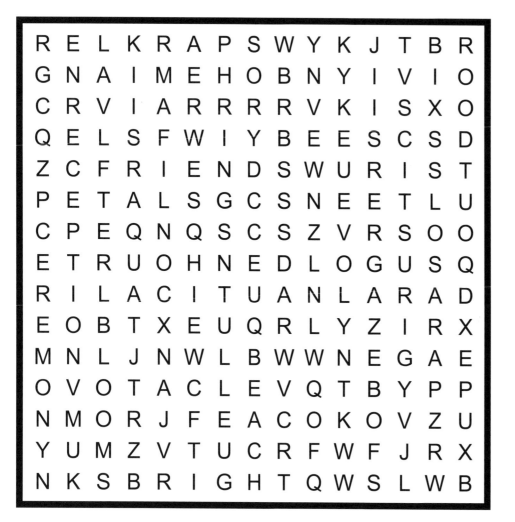

R E L K R A P S W Y K J T B R
G N A I M E H O B N Y I V I O
C R V I A R R R V K I S X O O
Q E L S F W I Y B E E S C S D
Z C F R I E N D S W U R I S T
P E T A L S G C S N E E T L U
C P E Q N Q S C S Z V R S O O
E T R U O H N E D L O G U S Q
R I L A C I T U A N L A R A D
E O B T X E U Q R L Y Z I R X
M N L J N W L B W W N E G A E
O V O T A C L E V Q T B Y P P
N M O R J F E A C O K O V Z U
Y U M Z V T U C R F W F J R X
N K S B R I G H T Q W S L W B

BEACH	KISS	RUSTIC
BLOOMS	LOVE	SPARKLER
BOHEMIAN	NAUTICAL	SUNSET
BRIGHT	OUTDOOR	TENT
CEREMONY	PARASOLS	TULLE
FRIENDS	PETALS	VIEWS
GAZEBO	RECEPTION	VOWS
GOLDEN HOUR	RINGS	WARM

STATE PARKS

```
L I B E R T Y B A C K B O N E
H R F I R S T L A N D I N G X
Z N A M H C T U D T S O L J Q
H D C H A T F I E L D M X O C
A T A S K C O R F O Y T I C V
R E T S U C Z C E C G J O K W
H H S S A P N O I T P E C E D
J O N E S G A P B H X U X Y W
U S A V A H E K A L C A Z S I
T A K I H S O K A M Q C B R L
G I A N T S P R I N G S T I S
C H U G A C H R E N R A G D O
U E P U F A R R A G U T D G N
B E L L E I S L E G D I F E C
G J Z F S M I T H F A L L S S
```

"Summer means happy times and good sunshine."

Brian Wilson

BACKBONE	CUSTER	JOCKEY'S RIDGE
BAXTER	DECEPTION PASS	JONES GAP
BELLE ISLE	FARRAGUT	LAKE HAVASU
CHATFIELD	FIRST LANDING	LIBERTY
CHICOT	GARNER	LOST DUTCHMAN
CHUGACH	GIANT SPRINGS	MAKOSHIKA
CITY OF ROCKS	GULF	SMITH FALLS
COLT	ITASCA	WILSON

THE SUNSHINE STATE

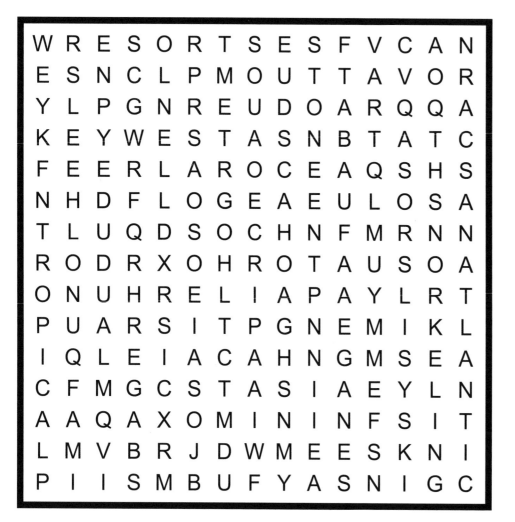

```
W R E S O R T S E S F V C A N
E S N C L P M O U T T A V O R
Y L P G N R E U D O A R Q Q A
K E Y W E S T A S N B T A T C
F E E R L A R O C E A Q S H S
N H D F L O G E A E U L O S A
T L U Q D S O C H N F M R N N
R O D R X O H R O T A U S O A
O N U H R E L I A P A Y L R T
P U A R S I T P G N E M I K L
I Q L E I A C A H N G M S E A
C F M G C S T A S I A E Y L N
A A Q A X O M I N I N F S I T
L M V B R J D W M E E S K N I
P I I S M B U F Y A S N I G C
```

In a Sunshine state of mind.

ARTS	HURRICANES	PEACEFUL
ATLANTIC	KEY WEST	RESORTS
BEACHES	MIAMI	SMATHERS
CORAL REEF	MUSEUMS	SNORKELING
DISNEY	NASCAR	STATE
DOLPHINS	OCEAN	TOURISM
GATORS	ORANGES	TROPICAL
GOLF	ORLANDO	VACATION

SNORKELING SPOTS

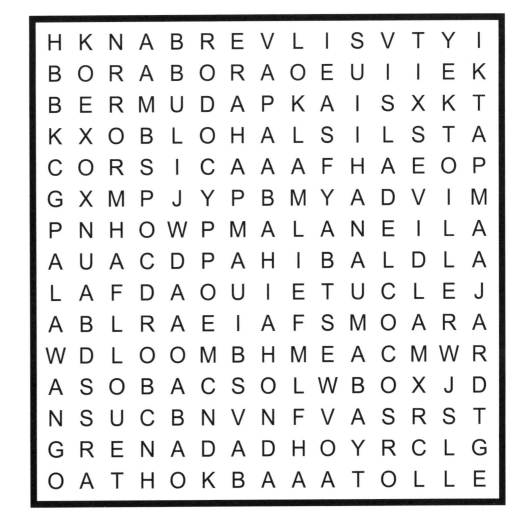

H K N A B R E V L I S V T Y I
B O R A B O R A O E U I I E K
B E R M U D A P K A I S X K T
K X O B L O H A L S I L S T A
C O R S I C A A A F H A E O P
G X M P J Y P B M Y A D V I M
P N H O W P M A L A N E I L A
A U A C D P A H I B A L D L A
L A F D A O U I E T U C L E J
A B L R A E I A F S M O A R A
W D L O O M B H M E A C M W R
A S O B A C S O L W B O X J D
N S U C B N V N F V A S R S T
G R E N A D A D H O Y R C L G
O A T H O K B A A A T O L L E

BAA ATOLL	GRENADA	MALDIVES
BAHIA HONDA	HANAUMA BAY	MAUI
BERMUDA	ISLA DEL COCOS	PALAU
BORA BORA	ISLA HOLBOX	PALAWAN
CORFU	KOH TAO	RAJA AMPAT
CORSICA	KOMODO	SILVER BANK
EIL MALK	LOS CABOS	TOFO BEACH
ELLIOT KEY	MADANG	WEST BAY

SUMMER SKINCARE

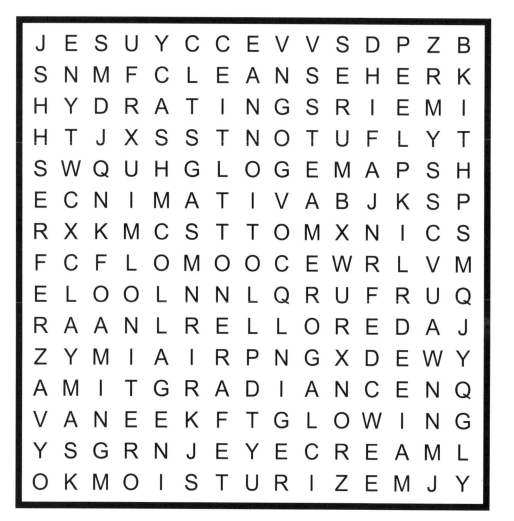

```
J  E  S  U  Y  C  C  E  V  V  S  D  P  Z  B
S  N  M  F  C  L  E  A  N  S  E  H  E  R  K
H  Y  D  R  A  T  I  N  G  S  R  I  E  M  I
H  T  J  X  S  S  T  N  O  T  U  F  L  Y  T
S  W  Q  U  H  G  L  O  G  E  M  A  P  S  H
E  C  N  I  M  A  T  I  V  A  B  J  K  S  P
R  X  K  M  C  S  T  T  O  M  X  N  I  C  S
F  C  F  L  O  M  O  O  C  E  W  R  L  V  M
E  L  O  O  L  N  N  L  Q  R  U  F  R  U  Q
R  A  A  N  L  R  E  L  L  O  R  E  D  A  J
Z  Y  M  I  A  I  R  P  N  G  X  D  E  W  Y
A  M  I  T  G  R  A  D  I  A  N  C  E  N  Q
V  A  N  E  E  K  F  T  G  L  O  W  I  N  G
Y  S  G  R  N  J  E  Y  E  C  R  E  A  M  L
O  K  M  O  I  S  T  U  R  I  Z  E  M  J  Y
```

Beauty and the beach

BALM	GLOWING	RADIANCE
CLAY MASK	HYDRATING	REFRESH
CLEANSE	JADE ROLLER	RETINOL
COLLAGEN	LOTION	SERUM
DEWY	MOISTURIZE	SPF
EXFOLIATE	NOURISH	STEAMER
EYE CREAM	OILS	TONER
FOAMING	PEEL	VITAMIN C

MARITIME MUSEUM

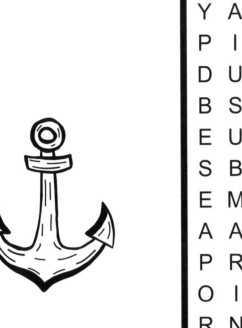

```
P G I F T S H O P R I T R W J
Y A L P S I D L S E D I U J M
P I H S R A W R M R O C O R P
D U B P L D E Z R A P K T N H
B S K E R P X M O F X E D Y I
E U R C L P H O F A A T H S S
S B C I G H I D I E Z S H R T
E M C A V F B E N S R I B N O
A A G L N R I L U D P R E M R
P R Z E E N T S V S F C Y X Y
O I M V C I O D E R O T S E R
R N E E R E S N S D Z E M V Y
T E A N A D M I S S I O N V S
N O I T A C U D E F B C A E F
D O C K Y A R D L X Y N S S M
```

ADMISSION

CANNON

DISPLAY

DOCENT

DOCKYARD

EDUCATION

EXHIBIT

FERRY

GIFT SHOP

HISTORY

MODELS

NAVY

REPLICA

RESTORED

SEAFARER

SEAPORT

SHIPS

SPECIAL EVENT

SUBMARINE

TICKETS

TOUR

UNIFORMS

VESSEL

WARSHIP

W O H S R E T A W G A M B L E
H R W B G E R E T A E H T U F
M O O U F V K Z I P L I N E X
S X Y L E W S O S C Z R I O K
L U C C E N T Z P I N P Q E R
O L N T R A H D L R O W S M M
T A E H K I G A O C E W O K T
M R D G R T I Y G U X O B C H
A E I I A E L C N S C H E A E
C V S N H N N L I C A S L J S
H O E A S E Q U M I L E L K T
I Y R I O V U B A R I V A C R
N L E N N P E M L C B I G A A
E F S M X Y F I F U U L I L T
S T N O M E R F U S R A O B B

Viva Las Vegas!

BELLAGIO

BLACK JACK

CIRCUS CIRCUS

DAY CLUB

EXCALIBUR

FLAMINGO

FLYOVER

FREMONT

GAMBLE

LIGHTS

LIVE SHOW

LUXOR

M&M'S WORLD

NEON

OMNIA NIGHTCLUB

POKER

RESIDENCY

SHARK REEF

SLOT MACHINES

THE STRAT

THEATER

VENETIAN

WATER SHOW

ZIP LINE

GOLDEN __

AGES	GATE	OLDIES	
BOY	GLOBE	RETRIEVER	
BROWN	GOAL	RING	
CHAIN	GOOSE	ROD	
CHARIOT	HAIR	STAR	
CHILD	HOUR	STATE	
DAYS	JUBILEE	SUN	
EAGLE	NUGGET	THREAD	

FOOTBALL TRAINING CAMP

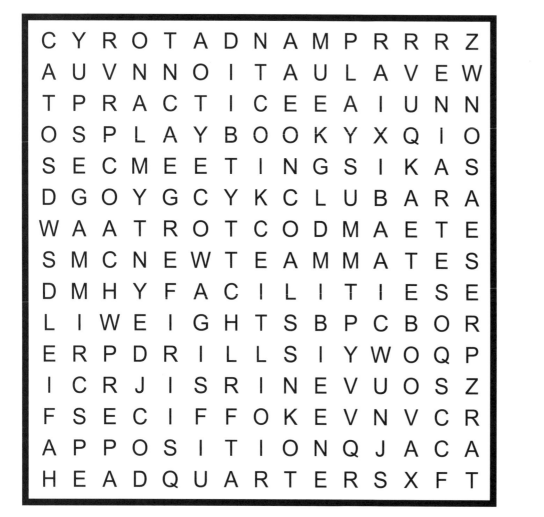

```
C Y R O T A D N A M P R R R Z
A U V N N O I T A U L A V E W
T P R A C T I C E E A I U N N
O S P L A Y B O O K Y X Q I O
S E C M E E T I N G S I K A S
D G O Y G C Y K C L U B A R A
W A A T R O T C O D M A E T E
S M C N E W T E A M M A T E S
D M H Y F A C I L I T I E S E
L I W E I G H T S B P C B O R
E R P D R I L L S I Y W O Q P
I C R J I S R I N E V U O S Z
F S E C I F F O K E V N V C R
A P P O S I T I O N Q J A C A
H E A D Q U A R T E R S X F T
```

CLUB	MANDATORY	PRACTICE
COACH	MEETINGS	PREP
DRILLS	NEW TEAMMATES	PRESEASON
EVALUATION	OFFICES	SCRIMMAGES
FACILITIES	OTA	SOUVENIRS
FAN VISIT	PLAYBOOK	TEAM DOCTOR
FIELDS	PLAYS	TRAINER
HEADQUARTERS	POSITION	WEIGHTS

```
E M C T H S H F Q M R N U R Z
G R S Z C M N I R B O F M E C
N A Q Y A M U I H R L L A R J
U L R G E N N L U M B U R U L
O L E F B A A O U R E G I T L
L I S F Y D R Y C T U A A L A
E N O B D N L S A E P N C U R
H C R B N E T N Q M L P H C D
T L T F A I U C Q U I A I S E
A U R T S C K R P E S O M R H
B S A I N A Q U C Q S C V E T
N I L A D H E I T A C O S L A
U V C A F I E S T A S Y M A C
S E J S S H F E K U Y K O X C
L O O U S G P K N B Y K J A Q
```

The tans will fade, but summer memories will last forever.

ALL-INCLUSIVE	HACIENDA	RESORT
CABO	LOUNGE	RUINS
CANCÚN	MALECÓN	SALSA
CATHEDRAL	MARIACHI	SANDY BEACH
CRUISE	MAYAN	SUN
CULTURE	PESO	SUNBATHE
FIESTA	PUEBLO	TACOS
GULF	RELAX	TULUM

SUNSET CHASER

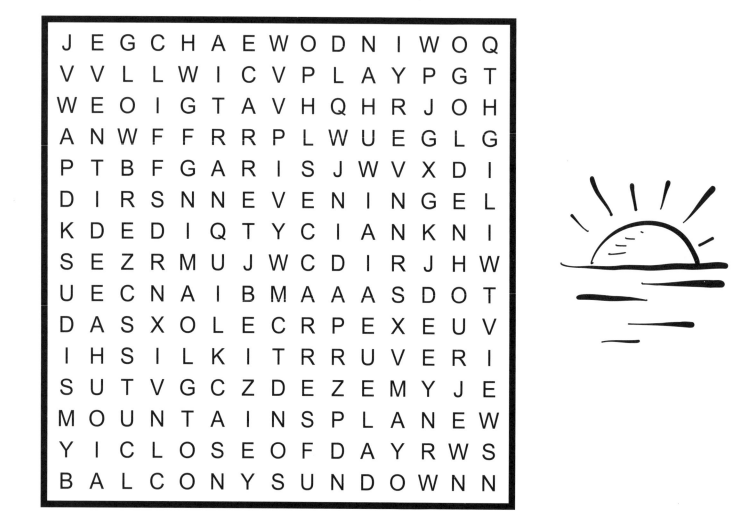

```
J E G C H A E W O D N I W O Q
V V L L W I C V P L A Y P G T
W E O I G T A V H Q H R J O H
A N W F F R R P L W U E G L G
P T B F G A R I S J W V X D I
D I R S N N E V E N I N G E L
K D E D I Q T Y C I A N K N I
S E Z R M U J W C D I R J H W
U E C N A I B M A A A S D O T
D A S X O L E C R P E X E U V
I H S I L K I T R R U V E R I
S U T V G C Z D E Z E M Y J E
M O U N T A I N S P L A N E W
Y I C L O S E O F D A Y R W S
B A L C O N Y S U N D O W N N
```

AMBIANCE	EVENTIDE	SERENE
BALCONY	GLOAMING	SUNDOWN
CICADA	GLOW	TERRACE
CLIFFS	GOLDEN HOUR	TRAIN
CLOSE OF DAY	MOUNTAINS	TRANQUIL
DUSK	PARK	TWILIGHT
EVE	PIER	VIEWS
EVENING	PLANE	WINDOW

```
Q J X X E U L B B J W T C J W
Q P J A E S X H U O L I G N C
D O G W V E E L Q L N S T A A
J T K S G T Y P A C P F R W D
N A B W E A G B I A H N I S F
O T A V R T E P R R I W G R A
L O R I B S I A E V T A K C E
E S B K A D D H A K L S I H H
M A E B M E O L W F T R I O Q
R L C S F T J B V A E S Q L N
E A U C D I Z M R M T G U I R
T D E O X N G S A O I L Z D E
A L G Z D U M W R F F O Y A D
W S U M M E R Y Y B O J F Y E
B P C K Q S N A E B D E K A B
```

"The grill is the summer equivalent of a fireplace; everyone gravitates to it."

Katie Lee

AMERICA	FLAG	RED
BAKED BEANS	HISTORY	RIBS
BARBECUE	HOLIDAY	STARS
BASEBALL	HOT DOGS	STRIPES
BLUE	JULY	SUMMER
BONFIRE	PARADE	UNITED STATES
CARNIVAL	PICNIC	WATERMELON
DAY OFF	POTATO SALAD	WHITE

SUMMER WEATHER

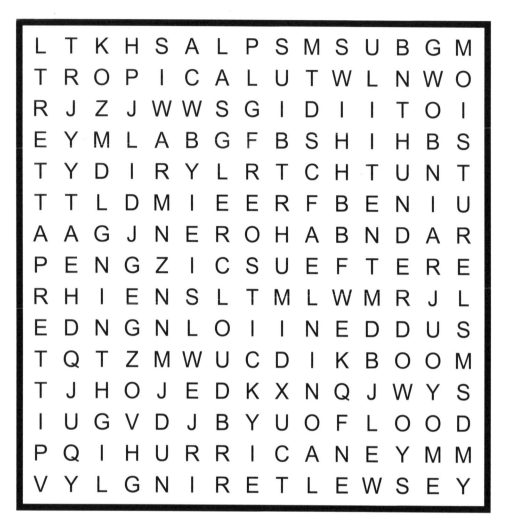

```
L T K H S A L P S M S U B G M
T R O P I C A L U T W L N W O
R J Z J W W S G I D I I T O I
E Y M L A B G F B S H I H B S
T Y D I R Y L R T C H T U N T
T T L D M I E E R F B E N I U
A A G J N E R O H A B N D A R
P E N G Z I C S U E F T E R E
R H I E N S L T M L W M R J L
E D N G N L O I I N E D D U S
T Q T Z M W U C D I K B O O M
T J H O J E D K X N Q J W Y S
I U G V D J B Y U O F L O O D
P Q I H U R R I C A N E Y M M
V Y L G N I R E T L E W S E Y
```

"I love how summer just wraps its arms around you like a warm blanket."

Kellie Elmore

BALMY	HUMID	SPLASH
BLISTERING	HURRICANE	STICKY
BOOM	LIGHTNING	STIFLING
BREEZE	MOISTURE	SUDDEN
CLOUD	MUGGY	SWELTERING
EL NIÑO	PITTER-PATTER	THUNDER
FLOOD	RAINBOW	TROPICAL
HEAT	SCORCHING	WARM

TOURIST ATTRACTIONS

```
V E C A L P E K I P L C M K L
E Y N Y F A N E U I L H A L L
R E D A R E I P Y V A N D L N
S N T M I N P O U K W L R U E
A S E K U N S C H Z T R E H G
I I M E Q E O N O Z A V C N N
L D E N M L S S E T E P O C E
L V H I P L G S H B R M O I H
E K T E O F V I O T G J H P E
S E T U Q E D J B L I I O U N
W R V I J U F T N U O M B H O
A R S I L O P O R C A C S C T
E T A J M A H A L L V E G A S
N I A G A R A F A L L S T M Z
D M T K I L I M A N J A R O D
```

ACROPOLIS

ALAMO

BIG BEN

COLOSSEUM

DISNEY

EPCOT

FANEUIL HALL

GREAT WALL

HOOVER DAM

LOUVRE

MACHU PICCHU

MOUNT FUJI

MT. KILIMANJARO

NAVY PIER

NIAGARA FALLS

PETRA

PIKE PLACE

SMITHSONIAN

STONEHENGE

TAJ MAHAL

THE MET

VEGAS

VERSAILLES

YOSEMITE

DAYLIGHT SAVING TIME

```
D N P H Z L O N G E R D A Y S
S L A N P R O D U C T I V E A
T O G N I V A S Y G R E N E U
H S A J D N L D F U L D G N E
G E O R G E H U D S O N G E T
I A O S E B O Q R S I G S U I
N N S P S W U D U R U I R H N
E H Y K Z E R U P P R N D I D
T O R S C A A S D N O B S E U
A U K G D O T S U B P L K E S
L R M N G M L S O N Y U I U T
M R A L A T H C G N E E L C R
Z T B R T I M E C H A N G E Y
S D C F O R W A R D R L L V W
S H O R T N I G H T S M P I A
```

"You are so much sunshine in every square inch."
Walt Whitman

ADD	LATE NIGHTS	SLEEPY
ALARM	LONGER DAYS	SPRING
CLOCKS	LOSE AN HOUR	STANDARD
ENERGY SAVING	MARCH	SUNRISE
FORWARD	POLICY	SUNSET
GEORGE HUDSON	PRODUCTIVE	TIME CHANGE
HOUR	SEASONAL	TURN
INDUSTRY	SHORT NIGHTS	YEAR

COUNTY FAIR

```
T T C L I V E M U S I C M A R
S N B A L L O O N S S S G S E
L D E E P F R I E D D R Y Y Z
A F A M I L Y F U N I O S A A
M A T S E Z I R P C T R D L M
I I E H N T Y G U U W I W P Y
N R Q B G B I L H Q J A O S V
A G H P M I T C C T R F R I E
D R S I B U N I X I S E C D N
E O I E R O R E N E K C T T D
F U F E N I O G T C A N W R O
F N D S B I T T I A V E G A R
U D L B V O L T H X D I U O S
T Y O Y S Q S E P V M C C X N
S N G S O B E S T I N S H O W
```

AGRICULTURE

ART DISPLAYS

BALLOONS

BEST IN SHOW

BOOTH

CROWDS

DATE NIGHT

DEEP-FRIED

EXCITEMENT

FAIRGROUND

FAMILY FUN

GOLDFISH

LIGHTS

LINES

LIVE MUSIC

MAZE

PRIZES

RIBBON

RING TOSS

SCIENCE FAIR

STICKERS

STUFFED ANIMALS

TOYS

VENDORS

PASSING TIME

```
G A R D E N J L N E T F L I X
E E Z U W M F A O T Y E Z I H
Z K L A W C Q N U J N L Z M M
I V A B B O A R D G A M E U R
N K T I F C V U H V E G S S A
A U K O D U S O P H L B H I G
G L U D L E C J B U C H Q C O
R C A N H D M A G A Z I N E Y
O E P K W J S L H K K Z Q Z X
R A M A T O X H A S A E L H D
O N R N T E R U C I N A M E H
L D Z O T X K P O D C A S T S
O D H I S R G N I P P O H S G
C P N E W S P A P E R W S Q E
Z K I N T E R N E T W B V N Z
```

"The summer night is like a perfection of thought."
Wallace Stevens

BAKE	KNIT	PODCAST
BOARD GAME	MAGAZINE	PUZZLES
CLEAN	MANICURE	READ
COLOR	MUSIC	SHOPPING
DRAW	NETFLIX	SOCIAL MEDIA
GARDEN	NEWSPAPER	SUDOKU
INTERNET	ORGANIZE	WALK
JOURNAL	PHOTOS	YOGA

SUMMER SALES

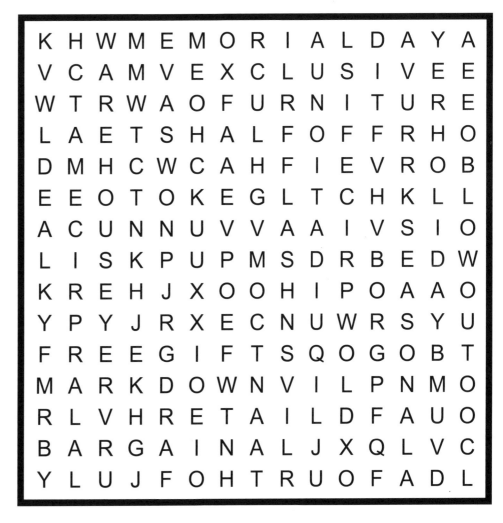

```
K H W M E M O R I A L D A Y A
V C A M V E X C L U S I V E E
W T R W A O F U R N I T U R E
L A E T S H A L F O F F R H O
D M H C W C A H F I E V R O B
E E O T O K E G L T C H K L L
A C U N N U V V A A I V S I O
L I S K P U P M S D R B E D W
K R E H J X O O H I P O A A O
Y P Y J R X E C N U W R S Y U
F R E E G I F T S Q O G O B T
M A R K D O W N V I L P N M O
R L V H R E T A I L D F A U O
B A R G A I N A L J X Q L V C
Y L U J F O H T R U O F A D L
```

BARGAIN
BLOWOUT
BOGO
COUPON
DEAL
DISCOUNT
EXCLUSIVE
FLASH

FOURTH OF JULY
FREE GIFT
FURNITURE
HALF OFF
HOLIDAY
LIQUIDATION
LOW PRICE
MARK DOWN

MEMORIAL DAY
PRICE MATCH
PROMO
RETAIL
SAVE
SEASONAL
STEAL
WAREHOUSE

THE CARIBBEAN

```
P E P C O L O R F U L J R J S
A A J I B U C O L O N I E S I
R G G E R F O L K L O R E F W
A G F W A A S Q E S R E V I D
D E J Q I M T A F R I C A N M
I R R T D O A E H G W G J O H
S J I Z S C R A S L R G I C E
E A A R C H I P E L A G O P R
H F Q M O E C S T L U C I A I
N I N R A Z A E L W F P R R T
A B U C L I A B Z A C B E A A
T W L T Y L C Y J I N K M D G
I D A N C E H A L L U D O E E
V U B A R B A D O S A E S S V
E F E S T I V E H S I N A P S
```

AFRICAN	CUBA	JAMAICA
ARCHIPELAGO	DANCEHALL	NATIVE
BARBADOS	DIVERSE	PARADES
BELIZE	FESTIVE	PARADISE
BRAIDS	FOLKLORE	PIRATES
COLONIES	HAITI	REGGAE
COLORFUL	HERITAGE	SPANISH
COSTA RICA	ISLANDS	ST. LUCIA

```
S H O V E L K N I G H T N J U
P C I V S H I I O L B A I D D
D D H O E W A R F R A M E P V
R I X R E R S L L E C D A E D
Q O A R O N C N O I M V S T T
Y R C R O N Y O E R J C O N H
K T V K B U O A O D E W N K E
S E G V E O T C P K D A I C L
S M U B B T D L R X E A C O A
N H O M A A L U A O A D M H S
A S I X E S U E D S S M A S T
M L D H Z W T P A D T S N O O
O T P Y N V N I P G O G I I F
N U H A D E S X O M U X A B U
C S M I T E D I S N I E R W S
```

Play the
summer away.

BASTION	HADES	OUTLAST
BIOSHOCK	HALO: REACH	OVERCOOKED
BRAID	INSIDE	ROCKET LEAGUE
CHRONO CROSS	LIMBO	SHOVEL KNIGHT
CUPHEAD	MADDEN	SMITE
DEAD CELLS	MAX PAYNE	SONIC MANIA
DEUS EX	METROID	THE LAST OF US
DIABLO II	NO MAN'S SKY	WARFRAME

SAILING

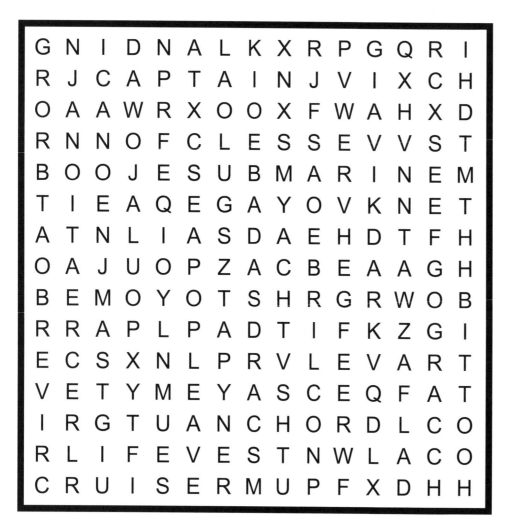

```
G N I D N A L K X R P G Q R I
R J C A P T A I N J V I X C H
O A A W R X O O X F W A H X D
R N N O F C L E S S E V V S T
B O O J E S U B M A R I N E M
T I E A Q E G A Y O V K N E T
A T N L I A S D A E H D T F H
O A J U O P Z A C B E A A G H
B E M O Y O T S H R G R W O B
R R A P L P A D T I F K Z G I
E C S X N L P R V L E V A R T
V E T Y M E Y A S C E Q F A T
I R G T U A N C H O R D L C O
R L I F E V E S T N W L A C O
C R U I S E R M U P F X D H H
```

Anchors away!

ANCHOR	LIFE VEST	RIVERBOAT
CANOE	MAST	SHIP
CAPTAIN	NAVIGATE	SUBMARINE
CARGO	OARS	TENDER
CRUISER	OCEAN	TRAVEL
HEADSAIL	RAFT	VESSEL
JOLLY	RECREATION	VOYAGE
LANDING	REEF	YACHT

SUMMER SOLSTICE

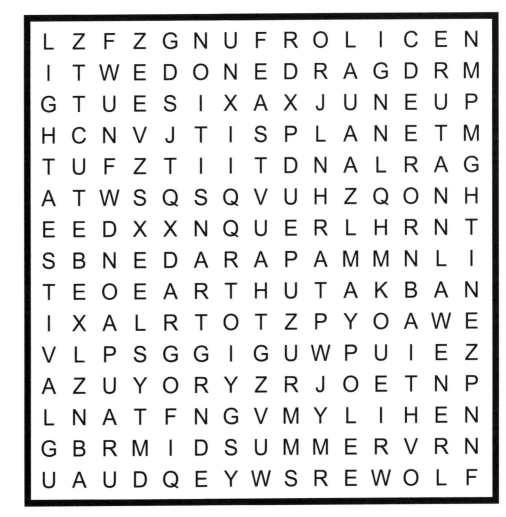

```
L Z F Z G N U F R O L I C E N
I T W E D O N E D R A G D R M
G T U E S I X A X J U N E U P
H C N V J T I S P L A N E T M
T U F Z T I I T D N A L R A G
A T W S Q S Q V U H Z Q O N H
E E D X X N Q U E R L H R N T
S B N E D A R A P A M M N L I
T E O E A R T H U T A K B A N
I X A L R T O T Z P Y O A W E
V L P S G G I G U W P U I E Z
A Z U Y O R Y Z R J O E T N P
L N A T F N G V M Y L I H E N
G B R M I D S U M M E R V R N
U A U D Q E Y W S R E W O L F
```

EARTH

ENERGY

ESTIVAL

FEAST

FESTIVE

FLOWERS

FROLIC

GARDEN

GARLAND

GLOBE

JUNE

LIGHT

MAYPOLE

MIDSUMMER

NATURE

PARADE

PEAK

PLANET

RENEWAL

RITUAL

SEASONS

SUN

TRANSITION

ZENITH

ON ROUTE 66

```
H H I G H W A Y C H I C A G O
R L E T O M P O P E N R O A D
J L S O I R U O S S I M S R W
A R I Z O N A A N C W K P A T
D A O R E D I S A T C M G T R
W M O L K U Q R B U I O B O I
G O C N Z K S E R D N A K R N
I H I E E K P T J T C Z C Y K
F A X G S B T C H O T C H K E
T L E A C A R O A D S I D E T
S K M T I F X A T R E S E D S
H O W N T V R E S J H F N J M
O P E I S H V O T K I W Y P I
P H N V U P N O S T A L G I A
T Q J F R E E D O M J V L U N
```

Here comes the sun.

ARIZONA	MOTEL	RUSTIC
CARS	NEBRASKA	SIDE ROAD
CHICAGO	NEW MEXICO	TCHOTCHKE
DESERT	NOSTALGIA	TEXAS
FREEDOM	OKLAHOMA	TRINKETS
GIFT SHOP	OPEN ROAD	TRUCKS
HIGHWAY	PONTIAC	VINTAGE
MISSOURI	ROADSIDE	WAGON

AUGUST CELEBRITY BIRTHDAYS

```
G J F E Z F N K C A L B I Z P
F V F S N A V N N X S C H M D
P O H E M S W O R T H V J A J
K M E F V I A D A M S R V W Y
C H F M A R T I N G I I W A Y
S O X X Z D F H O Y S N T R R
H E Z A A D H I H Q U C S O E
U R A S I U N Y J L E Q C G N
U E M O D A S T N N E P I E N
B G E M N V N A S I K C T R O
R N Z A C D G D H O A U B S C
A Z B T E O S C I R U W N P X
D K Z S H N T H E R O N T I B
Y B U R T O N L Z L Z Y R N S
T R F A B Z L F G B W I N E Y
```

ADAMS	DIAZ	PINE
BANA	GERE	ROGERS
BLACK	HEMSWORTH	SHEEN
BRADY	HOFFMAN	SMITH
BURTON	HOGAN	STAMOS
CARELL	KUNIS	THERON
CONNERY	MARTIN	TWAIN
DAVIS	PENN	WIIG

TROPICAL COUNTRIES

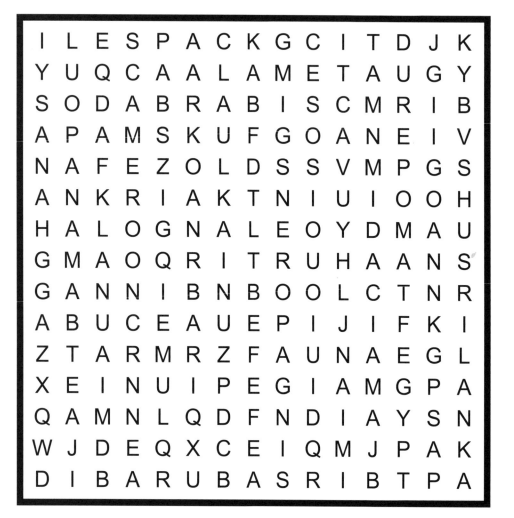

```
I L E S P A C K G C I T D J K
Y U Q C A A L A M E T A U G Y
S O D A B R A B I S C M R I B
A P A M S K U F G O A N E I V
N A F E Z O L D S S V M P G S
A N K R I A K T N I U I O O H
H A L O G N A L E O Y D M A U
G M A O Q R I T R U H A A N S
G A N N I B N B O O L C T N R
A B U C E A U E P I J I F K I
Z T A R M R Z F A U N A E G L
X E I N U I P E G I A M G P A
Q A M N L Q D F N D I A Y S N
W J D E Q X C E I Q M J P A K
D I B A R U B A S R I B T P A
```

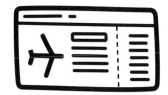

ANGOLA	CUBA	PANAMA
ARUBA	EGYPT	PERU
BARBADOS	FIJI	SAMOA
BELIZE	GHANA	SINGAPORE
BENIN	GUATEMALA	SOMALIA
BURUNDI	HONDURAS	SRI LANKA
CAMEROON	JAMAICA	SUDAN
COSTA RICA	LIBERIA	VIETNAM

```
P I C E D A O R T R I D P K X
B M A I N S T R E E T Z O I Y
R X M L R C V O Q N V Z P A L
U Y W C O O A I Q M I D D N D
B L T E X C T B N E R D N A N
U F U I M E A S L O W P A C E
S F T F N I E L I M Y V M I I
G I R H E U T R C H K Q O R R
R R I S C C M D I U M H M E F
T E N E F S A M L T I B Q M D
G H K R M X T E O O E S U A L
D S E E D E C I P C N R I A J
L A T N M X H E K L A W R N V
G R S E G C N N U C G U K D E
U N I Q U E T O M E R K Y Q F
```

"When the sun is shining, I can do anything..."
Wilma Rudolph

AMERICANA

COMMUNITY

DINER

DIRT ROAD

FRIENDLY

HISTORIC

KITSCH

LOCAL CUISINE

MAIN STREET

MOM AND POP

OLD TIME

OPEN

PEACEFUL

QUIRKY

REMOTE

RETIRE

RURAL

SERENE

SHERIFF

SLOW PACE

SUBURB

TRINKETS

UNIQUE

WALK

AT THE DOG PARK

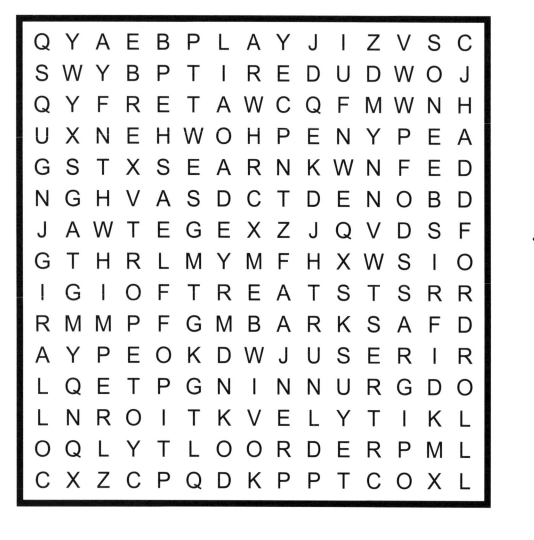

The dog days
of summer

BARK	FRISBEE	ROPE TOY
BONE	GRASS	RUNNING
CHASE	JUMP	TAGS
COLLAR	OFF-LEASH	TIRED
DIG	PET	TREATS
DIRT	PLAY	TROT
DROOL	REST	WATER
FENCE	ROLL	WHIMPER

VACION HOME

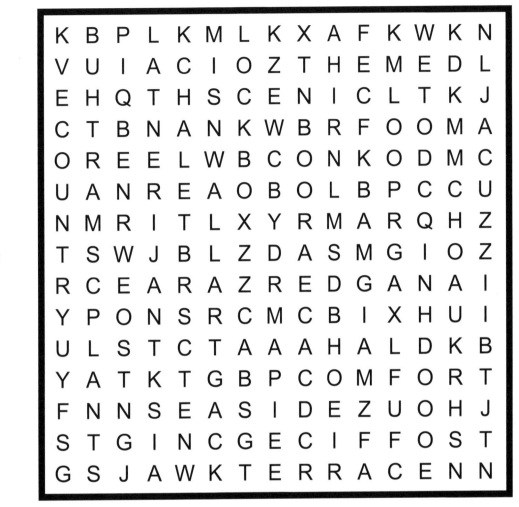

```
K B P L K M L K X A F K W K N
V U I A C I O Z T H E M E D L
E H Q T H S C E N I C L T K J
C T B N A N K W B R F O O M A
O R E E L W B C O N K O D M C
U A N R E A O B O L B P C C U
N M R I T L X Y R M A R Q H Z
T S W J B L Z D A S M G I O Z
R C E A R A Z R E D G A N A I
Y P O N S R C M C B I X H U I
U L S T C T A A A H A L D K B
Y A T K T G B P C O M F O R T
F N N S E A S I D E Z U O H J
S T G I N C G E C I F F O S T
G S J A W K T E R R A C E N N
```

AIR BNB	GAMES	RENTAL
BUNGALOW	HAMMOCK	SCENIC
CABANA	HOLIDAY	SEASIDE
CABIN	JACUZZI	SMART HUB
CHALET	LOCKBOX	SOFA BED
COMFORT	OFFICE	TERRACE
COTTAGE	PLANTS	THEMED
COUNTRY	POOL	WALL ART

AT THE OLD BALL GAME

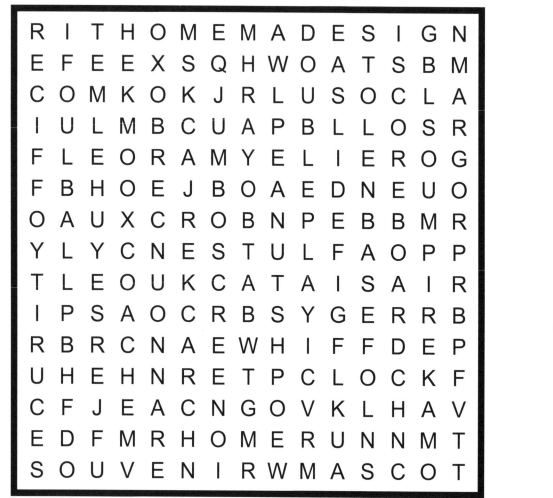

```
R I T H O M E M A D E S I G N
E F E E X S Q H W O A T S B M
C O M K O K J R L U S O C L A
I U L M B C U A P B L L O S R
F L E O R A M Y E L I E R O G
F B H O E J B O A E D N E U O
O A U X C R O B N P E B B M R
Y L Y C N E S T U L F A O P P
T L E O U K C A T A I S A I R
I P S A O C R B S Y G E R R B
R B R C N A E W H I F F D E P
U H E H N R E T P C L O C K F
C F J E A C N G O V K L H A V
E D F M R H O M E R U N N M T
S O U V E N I R W M A S C O T
```

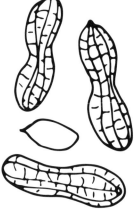

ANNOUNCER BOX	FOUL BALL	PROGRAM
BAT BOY	HELMET	SCOREBOARD
BEER	HOME RUN	SECURITY OFFICER
CLOCK	HOMEMADE SIGN	SLIDE
COACH	JERSEY	SOUVENIR
CRACKER JACKS	JUMBO SCREEN	STOLEN BASE
DOUBLE PLAY	MASCOT	UMPIRE
FANS	PEANUTS	WHIFF

GONE GOLFING

```
U T X T H Z H D J T P D H E K
D O L L A B T S O L R P L E I
T U G F U M L D V E O O J T B
K R R O P I R G L R Q X U R D
N N E L L W B G D C Y K E G L
T A E L B F A K H Z E A S Y H
O M N O M E C Y B V K L U B S
V E N W S C W A I M C I W A B
I N K T A O A R R M J P G U O
D T V H U T D D E T Z R N A G
H P M R F Y E D D I D K C R E
P A R O A J U R T I E E O N Y
Y V R U P F O A O R E S P F A
R E J G F A M R S K S V R X B
E W V H T Z Z W Z R A N G E J
```

TEE-rific
Summer

ACE	DUFF	LIP
BOGEY	EAGLE	LOST BALL
BREAK	FOLLOW-THROUGH	PAR
BUNKERS	FORE!	RANGE
CADDIE	GOLF CART	ROUGH
DIVOT	GREEN	TEE
DRIVE	GRIP	TOURNAMENT
DROP	GROSS	WATER

SOLUTIONS

1

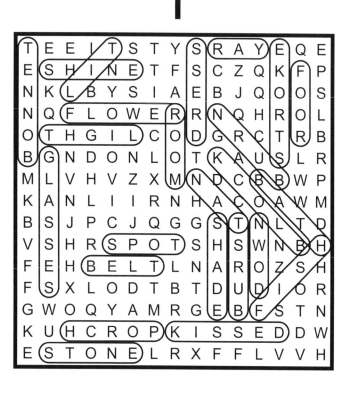

2

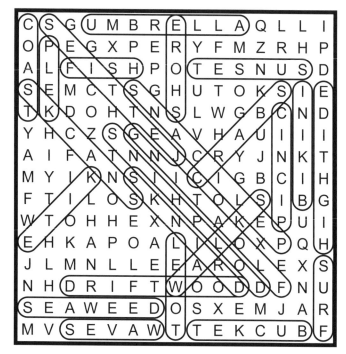

3

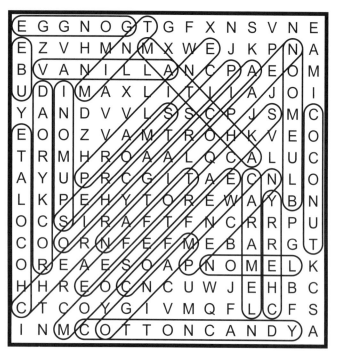

4

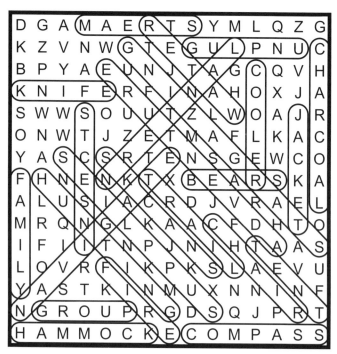

SOLUTIONS

5

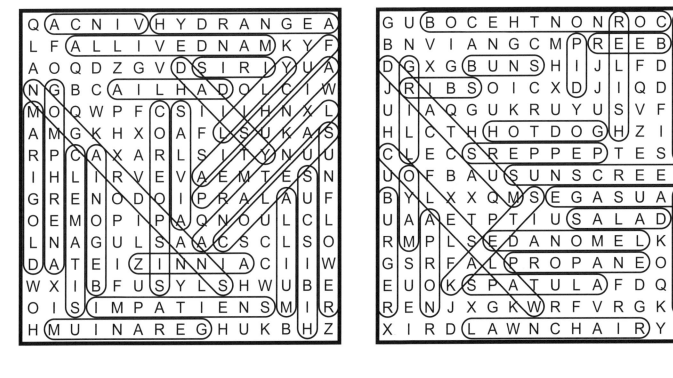

6

7

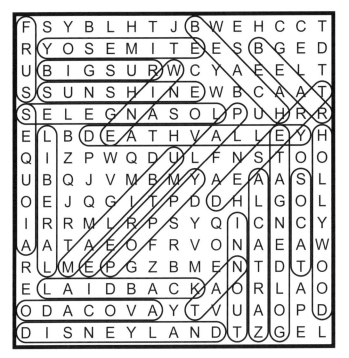

8

SOLUTIONS

9

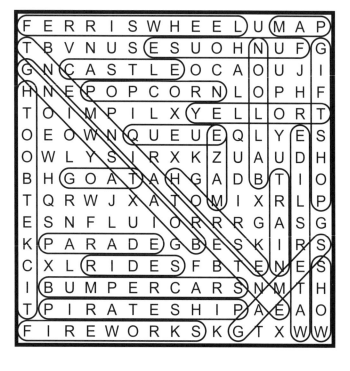

10

11

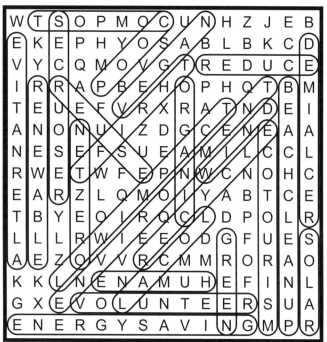

12

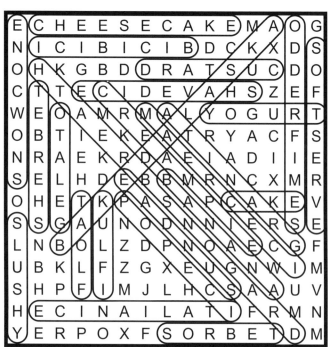

SOLUTIONS

13

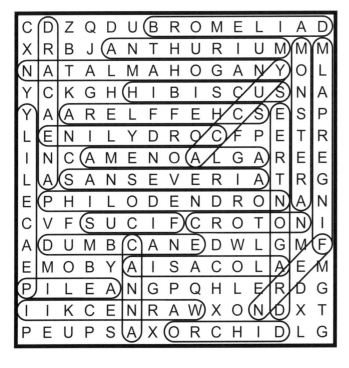

14

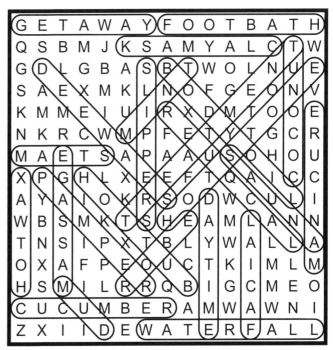

15

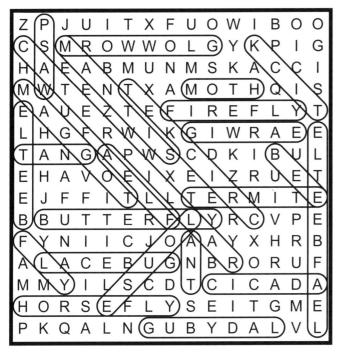

16

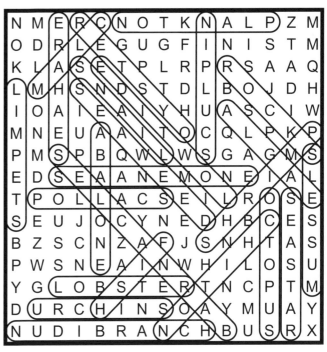

SOLUTIONS

17

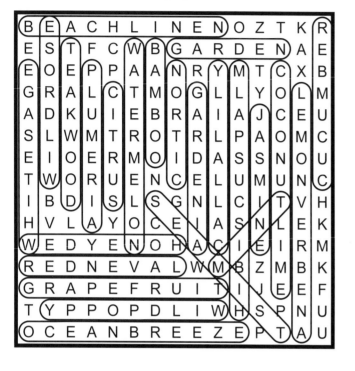

18

19

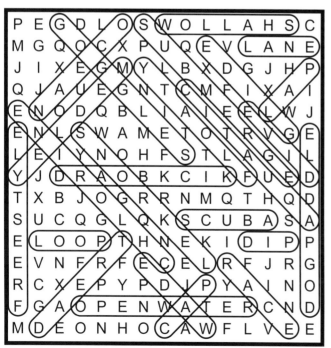

20

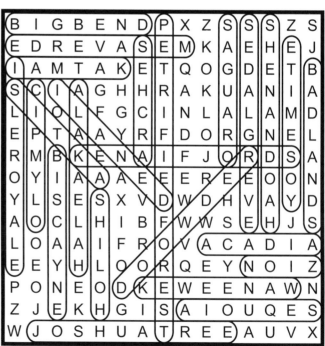

SOLUTIONS

21

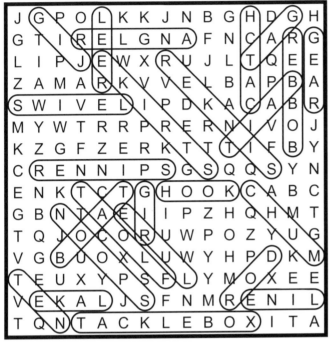

22

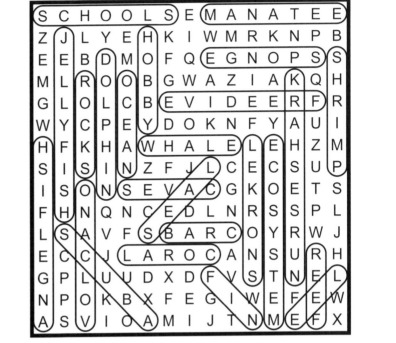

23

24

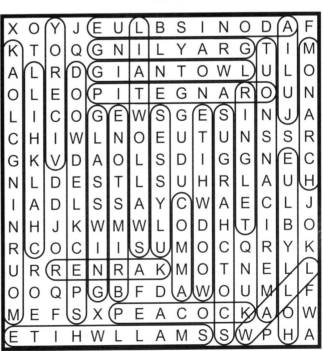

SOLUTIONS

25

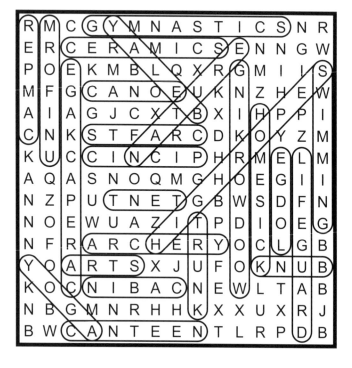

26

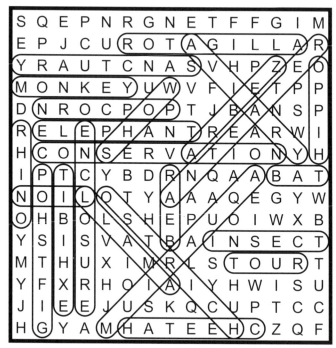

27

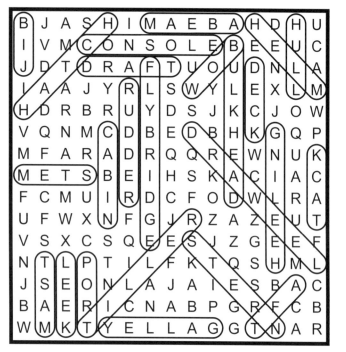

28

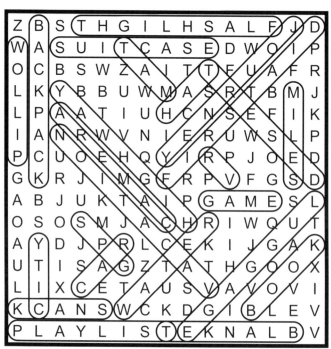

SOLUTIONS

29

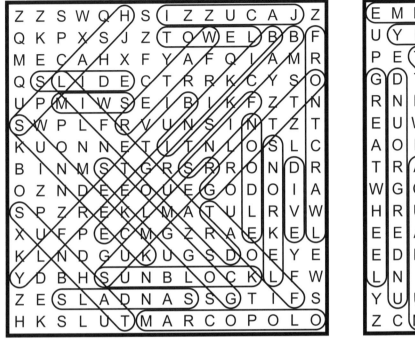

30

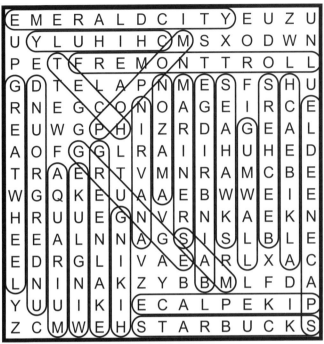

31

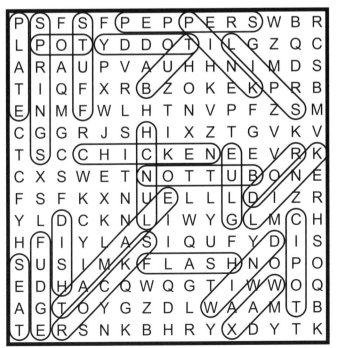

32

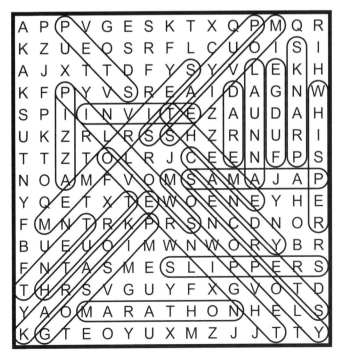

SOLUTIONS

33

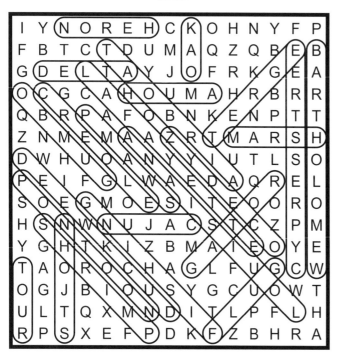

34

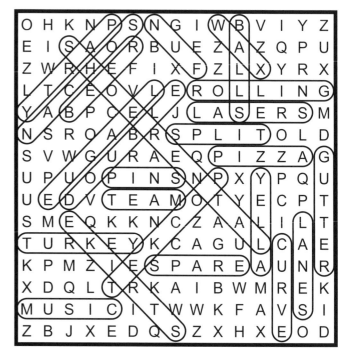

35

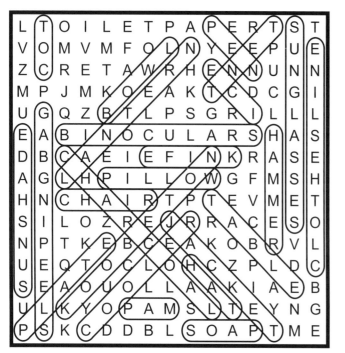

36

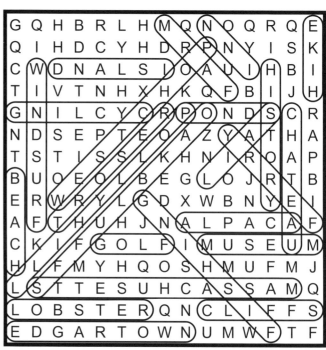

SOLUTIONS

37

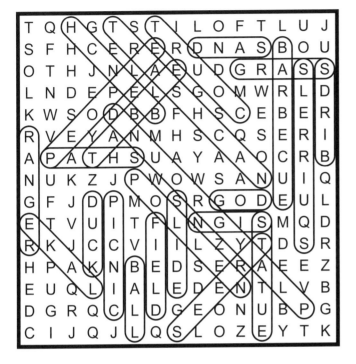

38

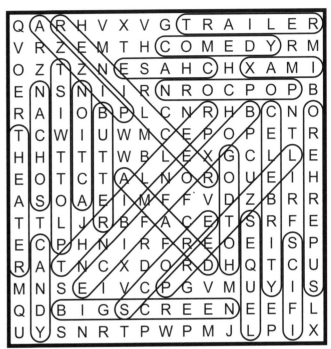

39

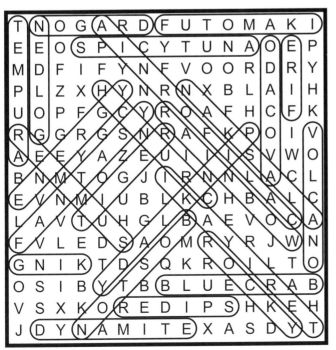

40

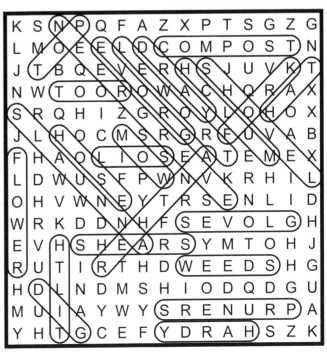

SOLUTIONS

41

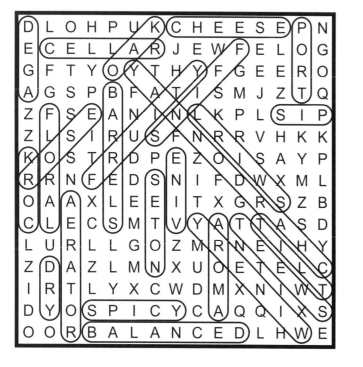

42

43

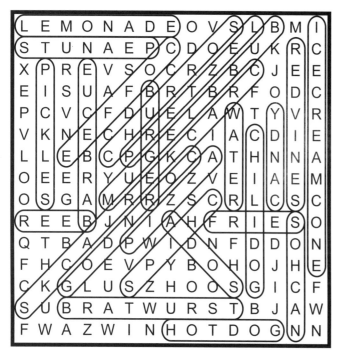

44

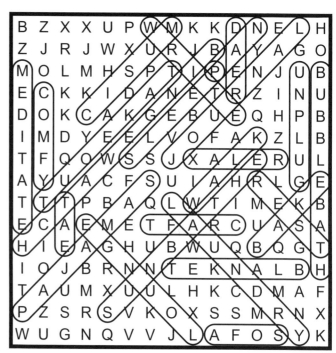

SOLUTIONS

45

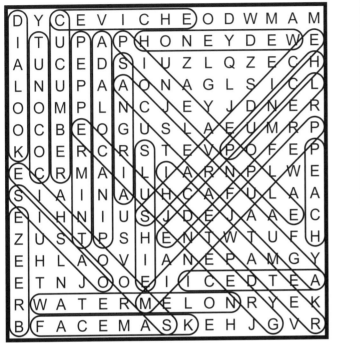

46

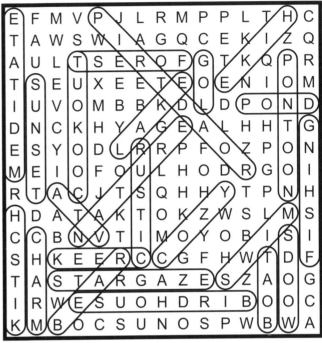

47

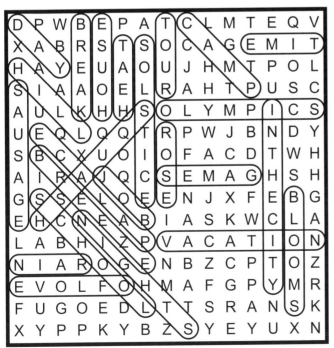

48

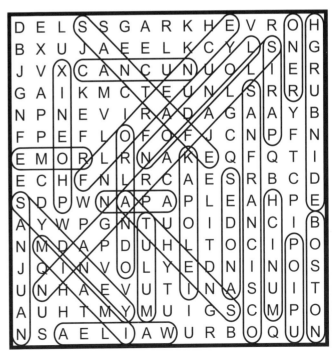

SOLUTIONS

49

50

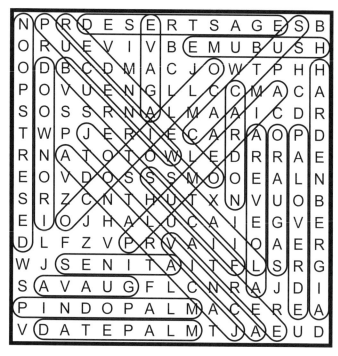

51

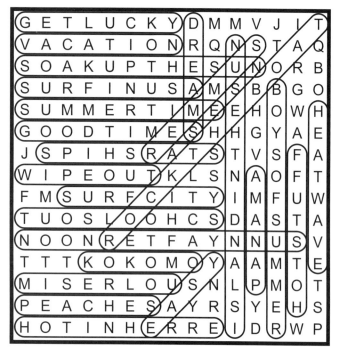

52

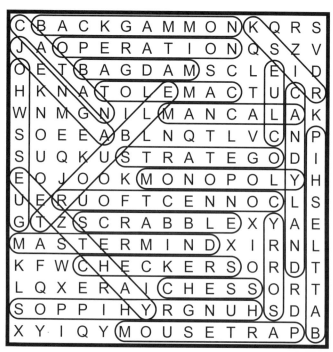

SOLUTIONS

53

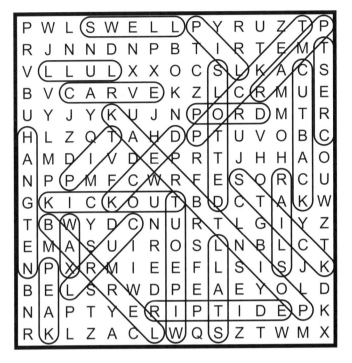

54

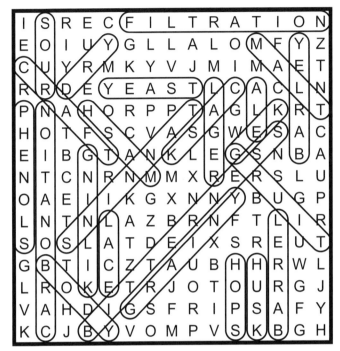

55

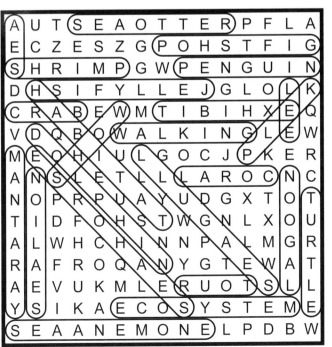

56

SOLUTIONS

57

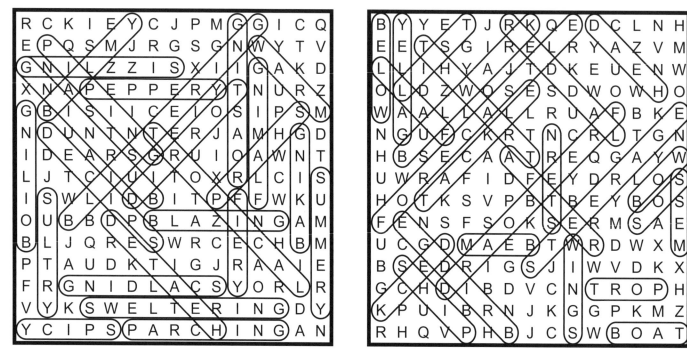

58

59

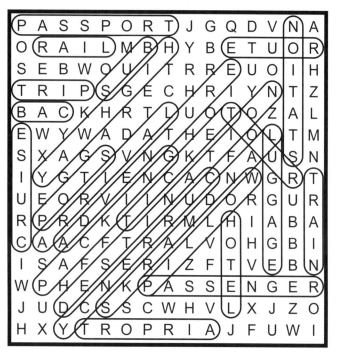

60

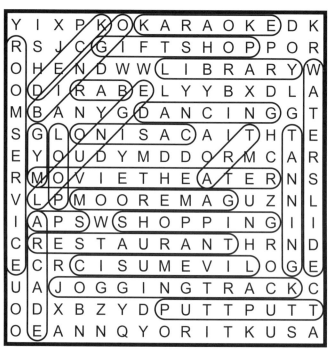

SOLUTIONS

61

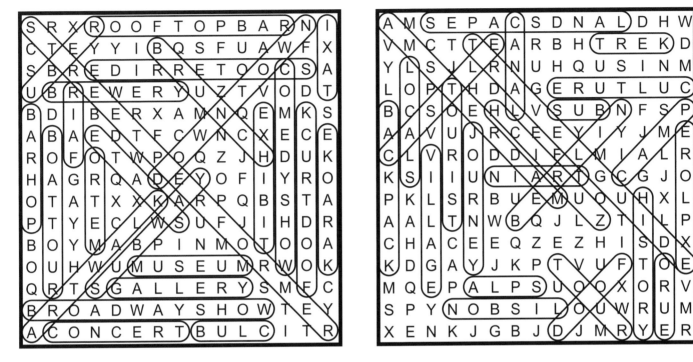

62

63

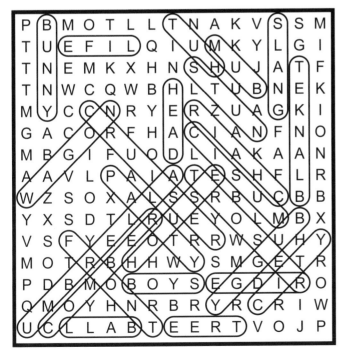

64

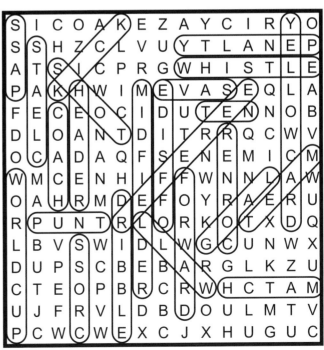

SOLUTIONS

65

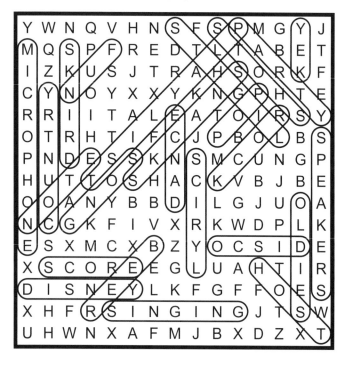

66

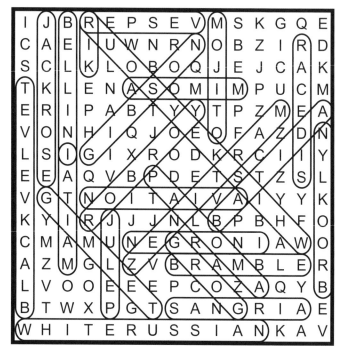

67

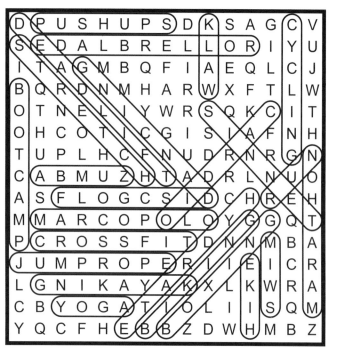

68

SOLUTIONS

69

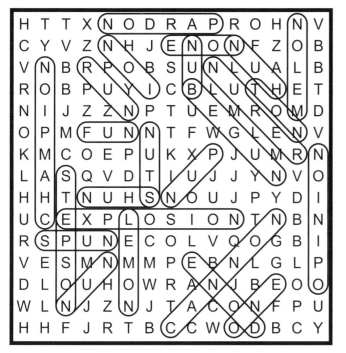

70

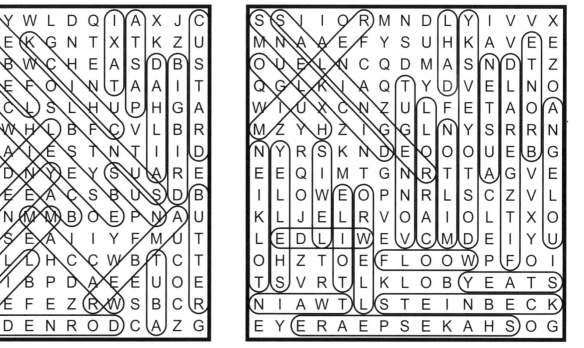

71

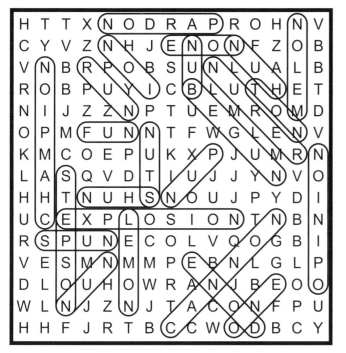

72

SOLUTIONS

73

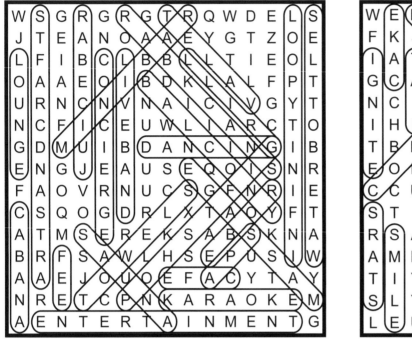

74

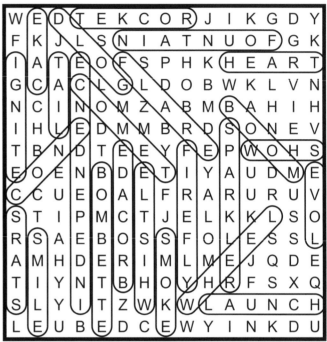

75

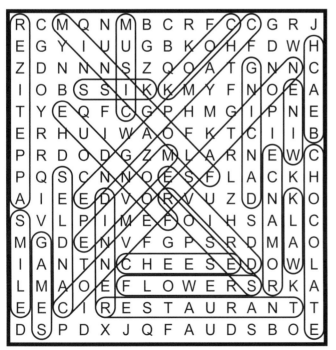

76

SOLUTIONS

77

78

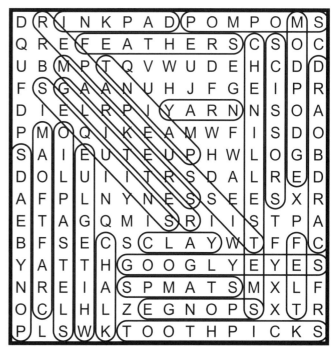

79

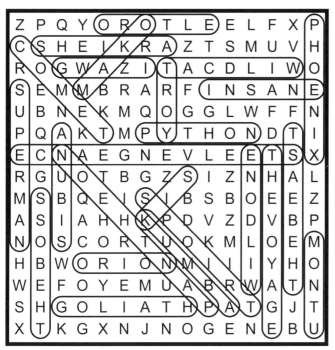

80

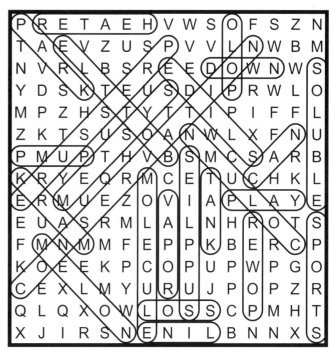

SOLUTIONS

81

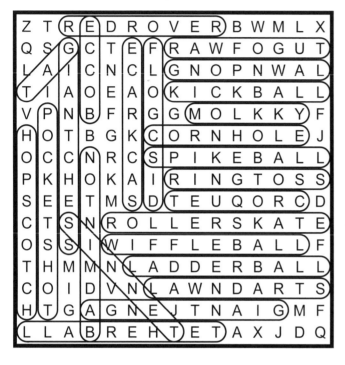

82

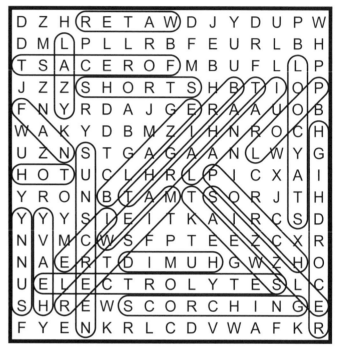

83

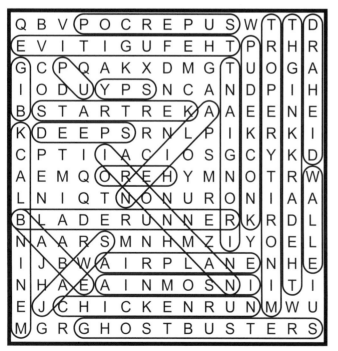

84

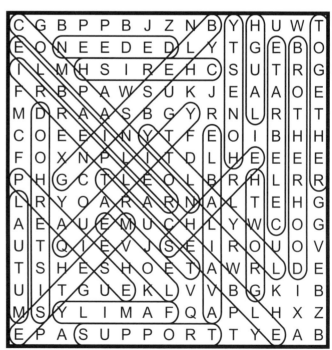

SOLUTIONS

85

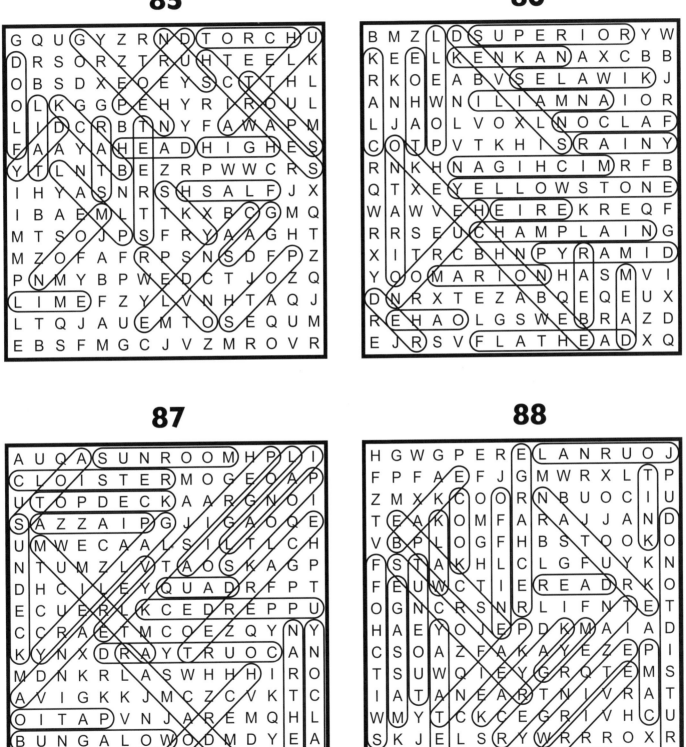

86

87

88

SOLUTIONS

89

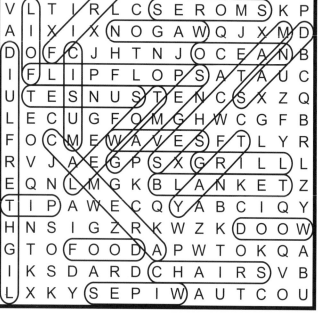

90

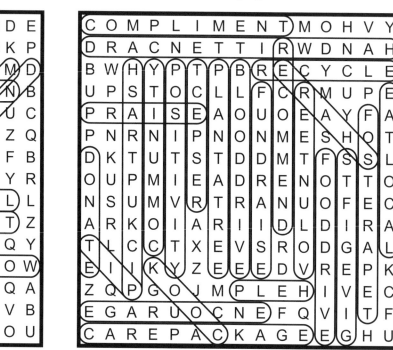

91

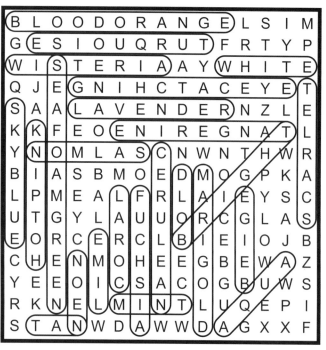

92

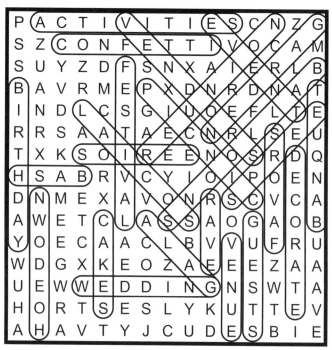

SOLUTIONS

93

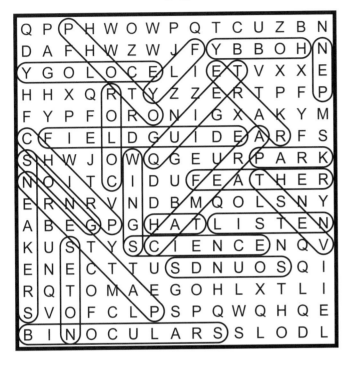

94

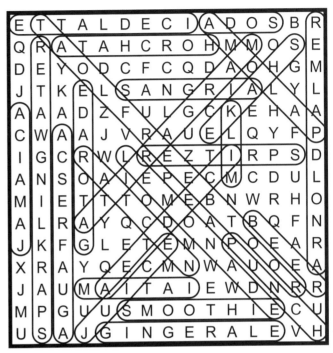

95

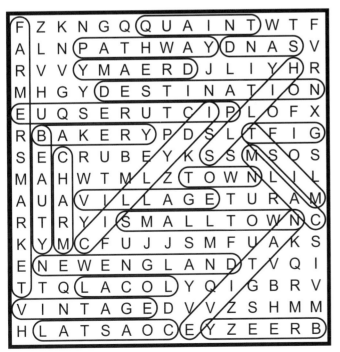

96

SOLUTIONS

97

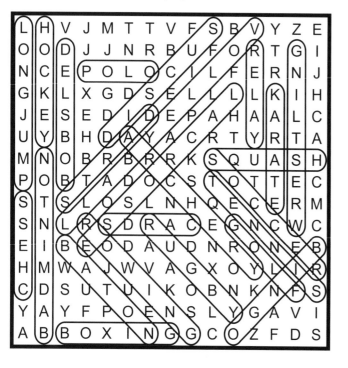

98

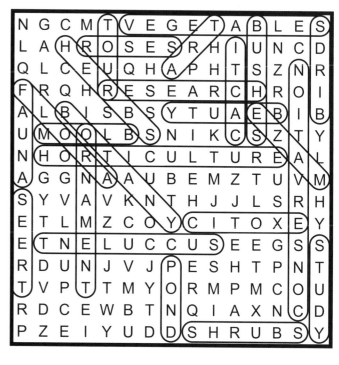

99

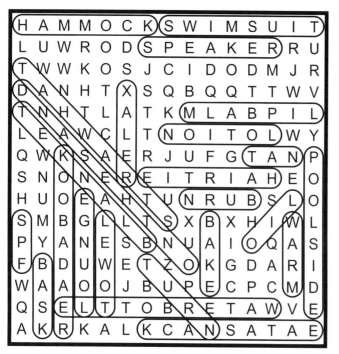

100

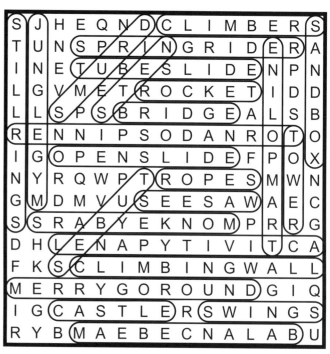

SOLUTIONS

101

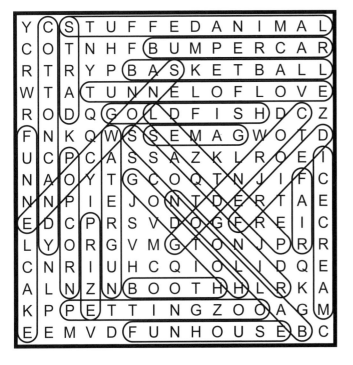

102

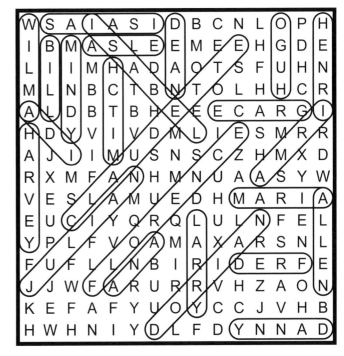

103

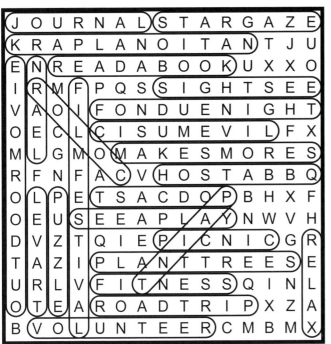

104

SOLUTIONS

105

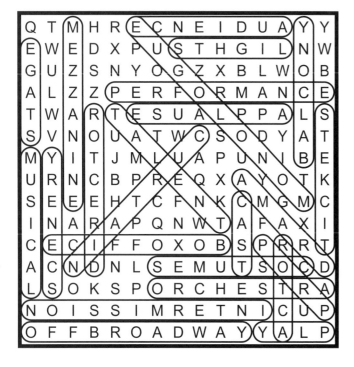

106

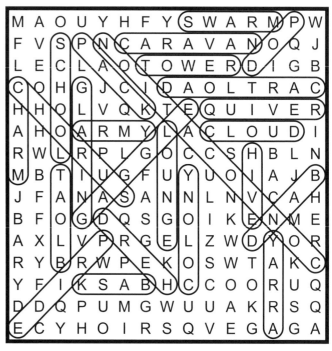

107

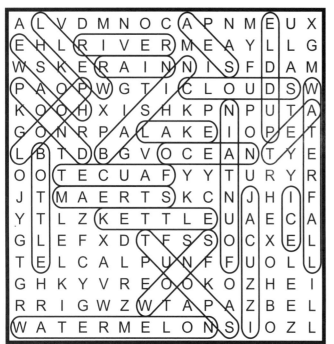

108

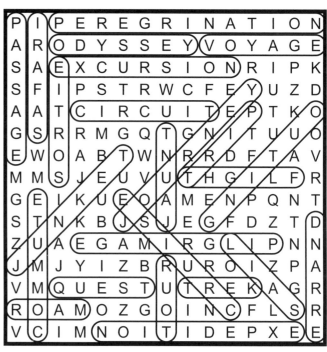

SOLUTIONS

109

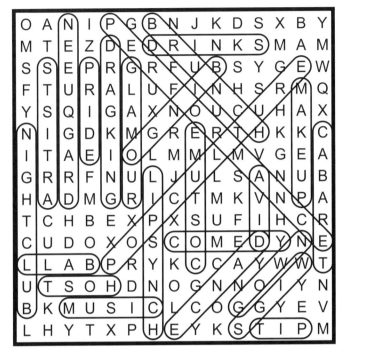

110

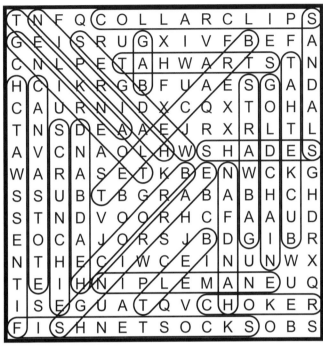

111

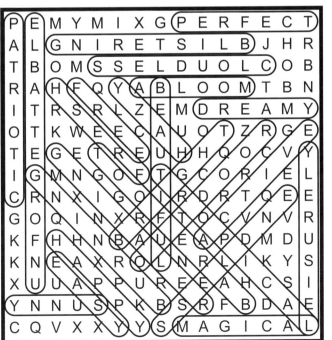

112

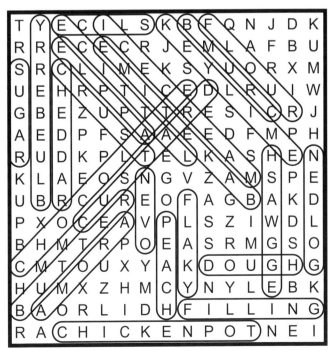

SOLUTIONS

113

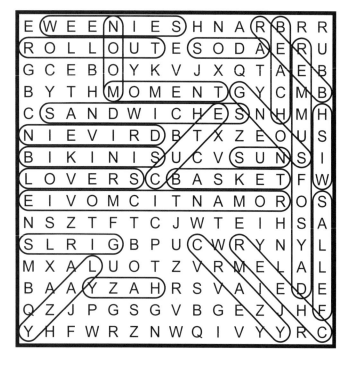

114

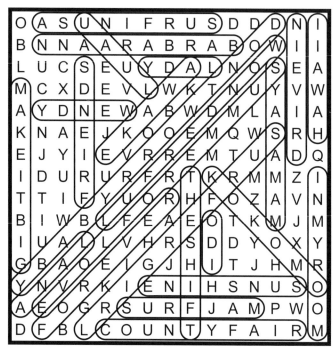

115

116

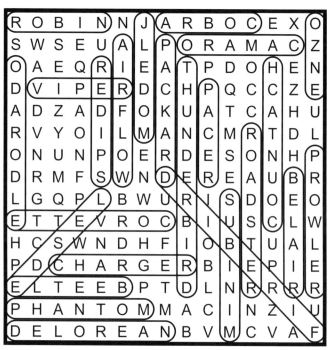

SOLUTIONS

117

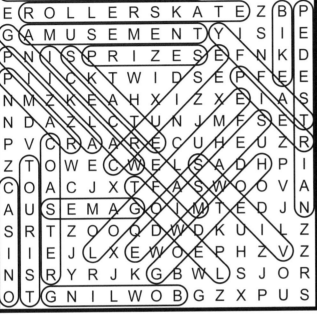

118

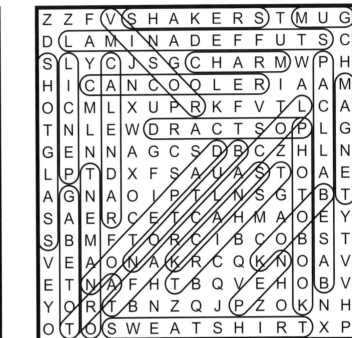

119

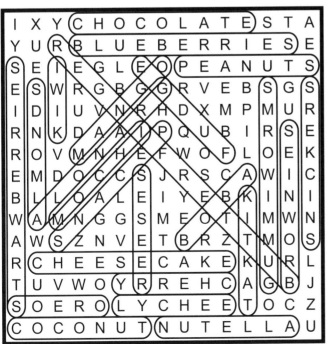

120

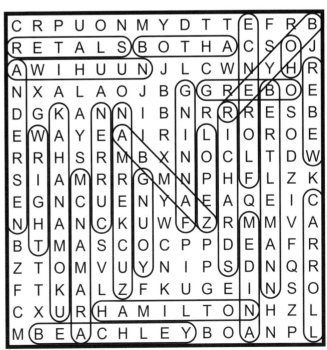

SOLUTIONS

121

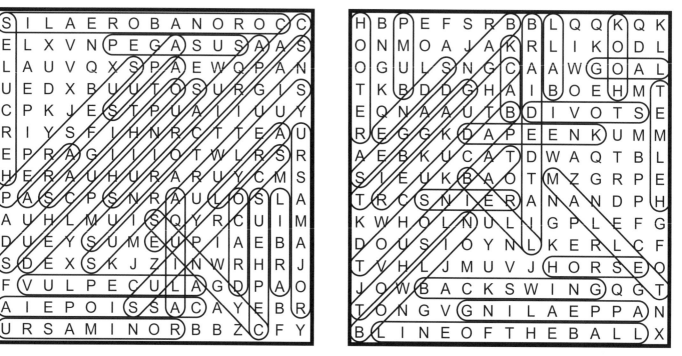

122

123

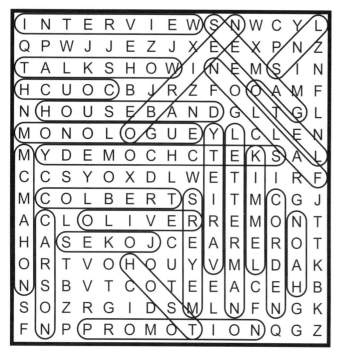

124

SOLUTIONS

125

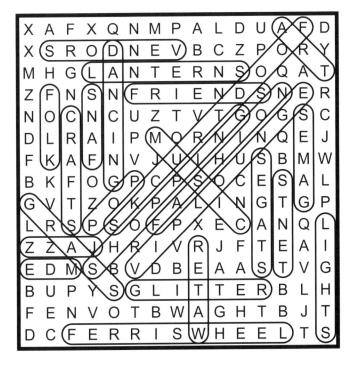

126

127

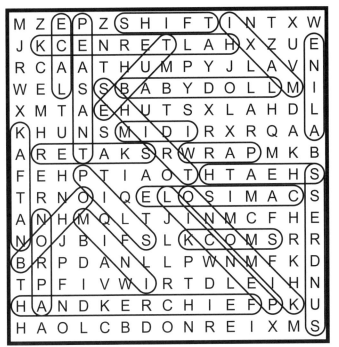

128

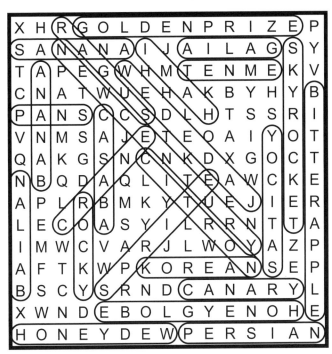

SOLUTIONS

129

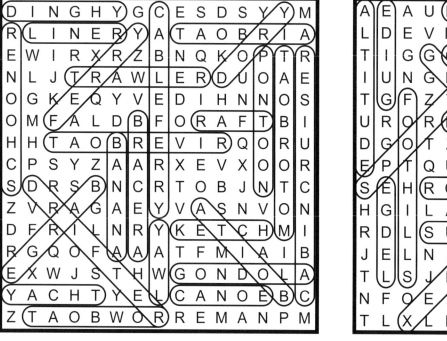

130

131

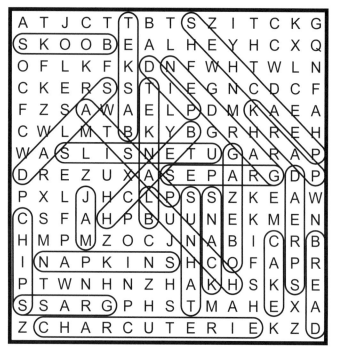

132

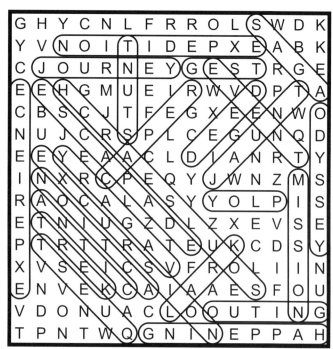

SOLUTIONS

133

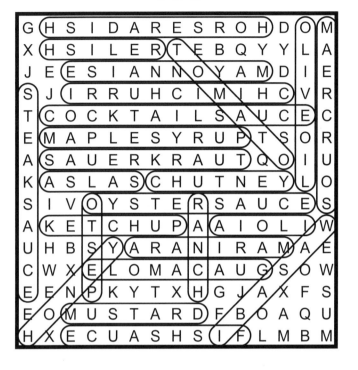

134

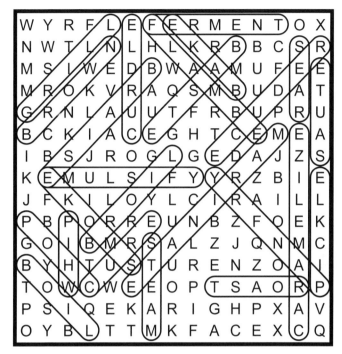

135

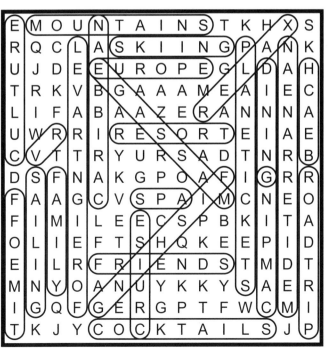

136

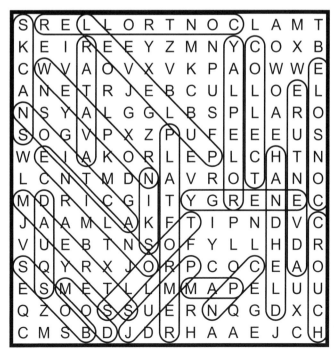

SOLUTIONS

137

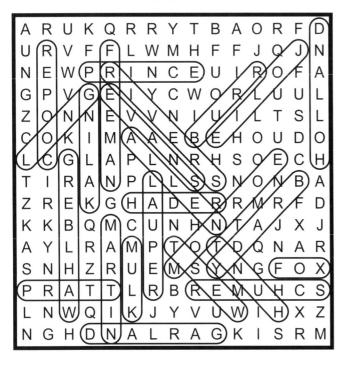

138

139

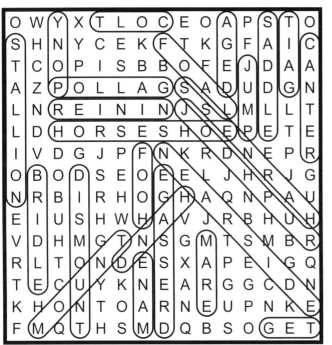

140

SOLUTIONS

141

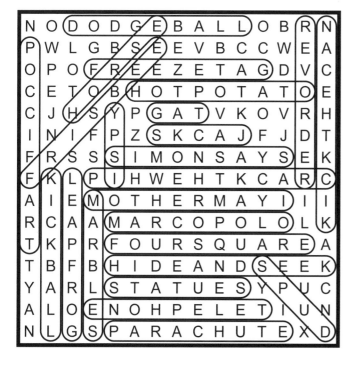

142

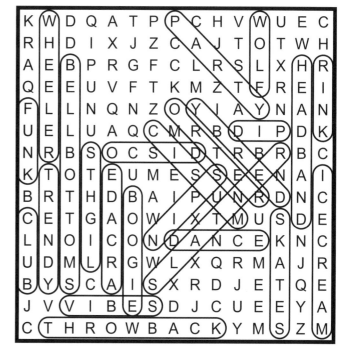

143

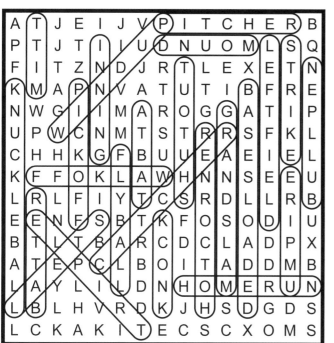

144

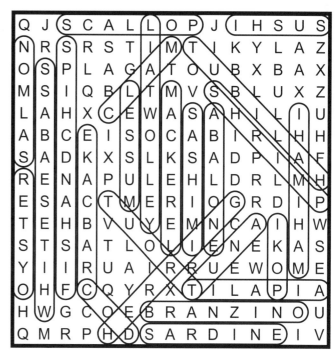

SOLUTIONS

145

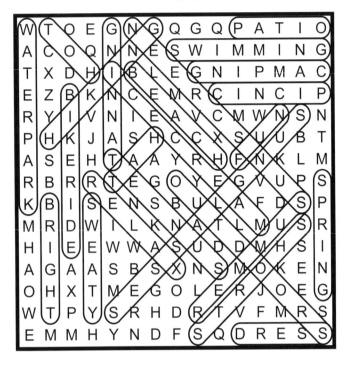

146

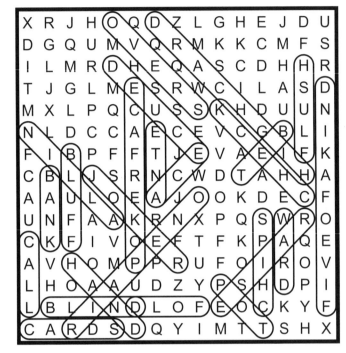

147

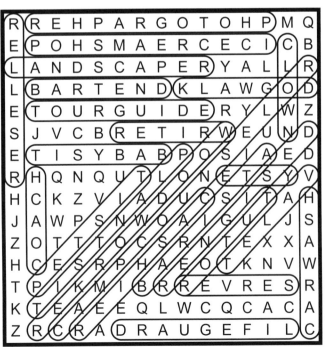

148

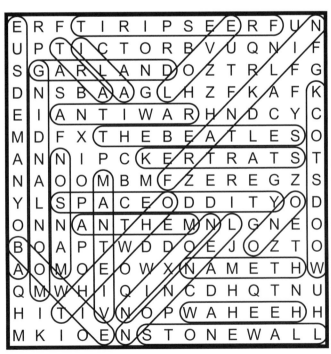

SOLUTIONS

149

150

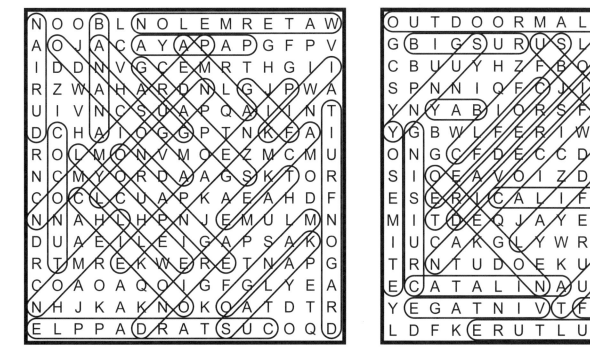

151

152

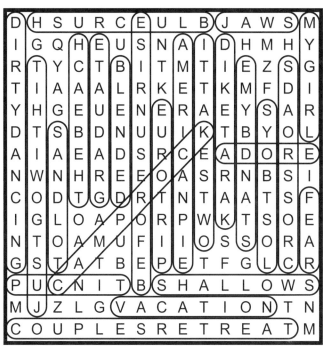

SOLUTIONS

153

```
P L U E N O I N O L B A I X E
L E T T U C E R L T S Y B M K
S U M O J I T O L L T A I R V
E N J L W P A Q A A T L H E U
C O A E R G I S G T L G A L K
U I J E J H J H E I S I R O K
A F R S B R U R D R O J D M H
S E M C I A E W O A U I S A C
T Q S C H D L M C G R C H C A
O T E E F I S W I R C A E A R
H L U I E S C H P A R M L U N
K H S S C H F K R M E A L G I
K H D M H O C X E I A B S L T
S A L L I T R O T N M N R M A
B N E C I L A N T R O P M S S
```

154

```
L I O S H T O X Z C A W K R Y
S W I A L L E R A Z Z O M E M
R S K G W X W A V V W Z I U O
E H N I Z Z U C A J X F L G R
H O I O F I S H T A N K N N N
S W S S W P K O V C O T S O I
A E D M R A F T R A I N H T N
W R O N E I H S U L S R A U G
L P R C L N S A R E E D K I D
O W E W K T J U E T M O R E Q
N S P O N G E C T O A C O R W
T T A T I W D E A N W M R H I
E C I T R G G T W A E W Z L S
T N D I P D A M M D Y H U O I
N G R A S S R G O E O Y A N J
```

155

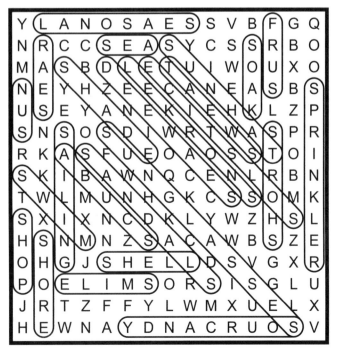

```
Y L A N O S A E S S V B F G Q
N R C C S E A S Y C S S R B O
M A S B D L E T U I W O U X O
N E Y H Z E E C A N E A S B S
U S E Y A N E K I E H K L Z P
S N S O S D I W R T W A S P R
R K A S F U E O A O S S T O I
S K I B A W N Q C E N L R B N
T W L M U N H G K C S S O M K
S X I X N C D K L Y W Z H S L
H S N M N Z S A C A W B S Z E
O H G J S H E L L D S V G X R
P O E L I M S O R S I S G L U
J R T Z F F Y L W M X U E L X
H E W N A Y D N A C R U O S V
```

156

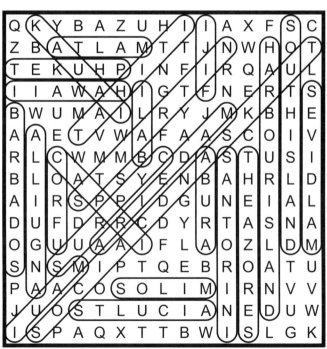

```
Q K Y B A Z U H I I A X F S C
Z B A T L A M T T J N W H O T
T E K U H P I N F I R Q A U L
I I A W A H I T F N E R T S E
B W U M A I L R Y J M K B H I
A A E T V W A F A A S C O U V
B L C W M M B C D A S T U I D
B L O A T S Y E N B A H E S L
A I R S P P I D G U N E O A A
D U F D R R C D Y R T A S N M
O G U U A A I F L A O R N T U
S N S M I P T Q E B R O I N V
P A A C O S O L I M I N E U W
J U O S T L U C I A N E D U W
I S P A Q X T T B W I S L G K
```

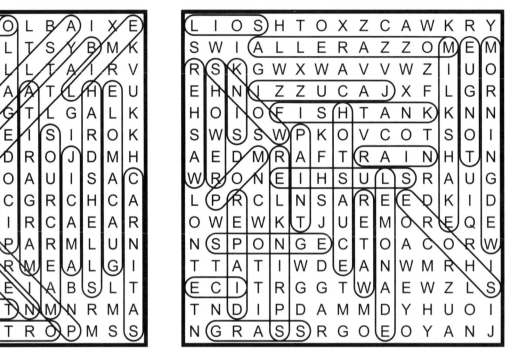

SOLUTIONS

157

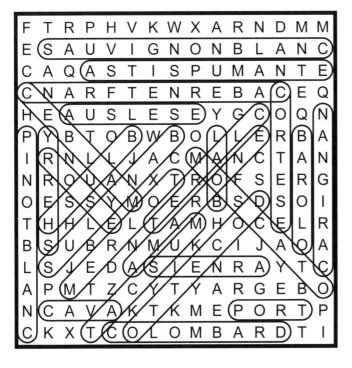

158

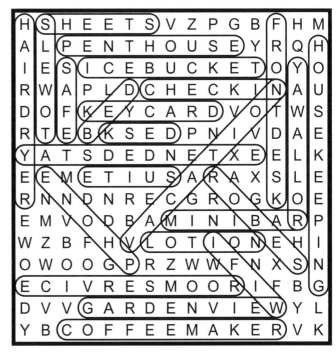

159

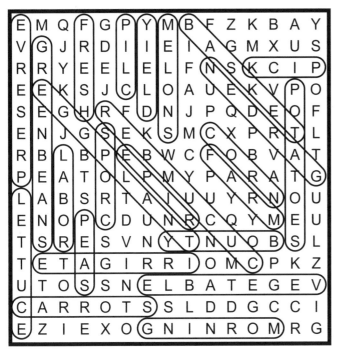

160

SOLUTIONS

161

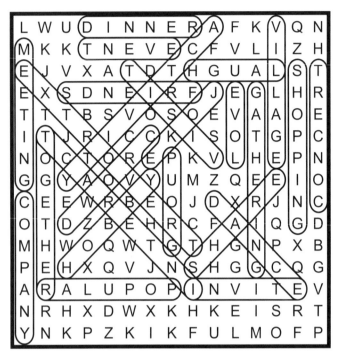

162

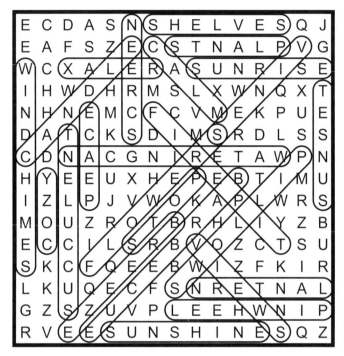

163

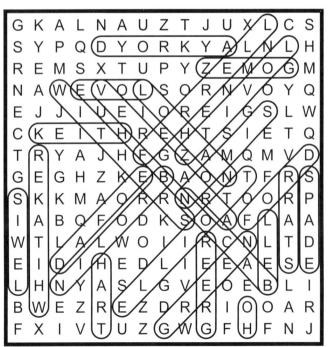

164

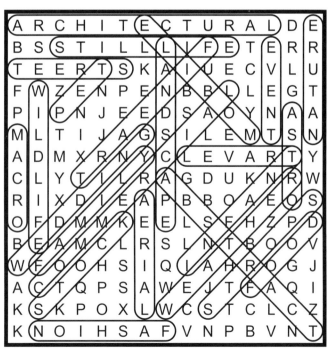

SOLUTIONS

165

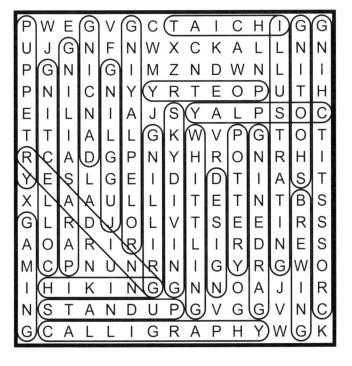

166

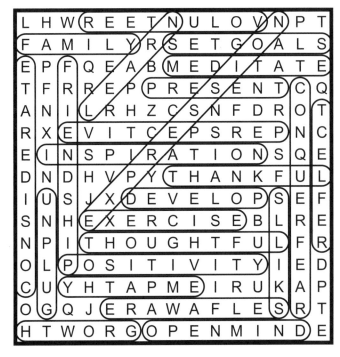

167

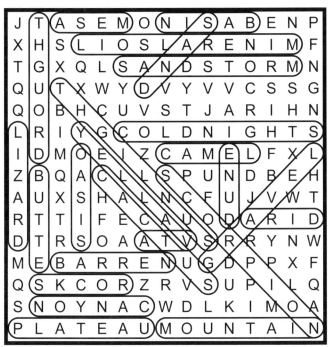

168

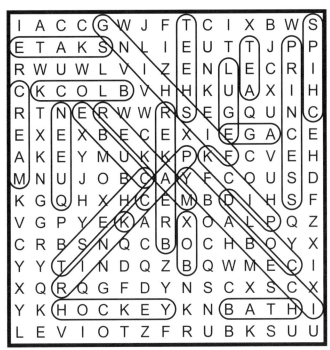

SOLUTIONS

169

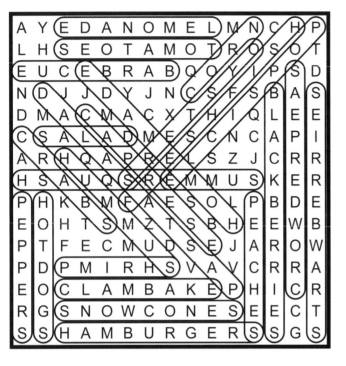

170

171

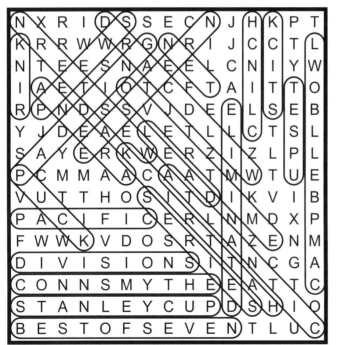

172

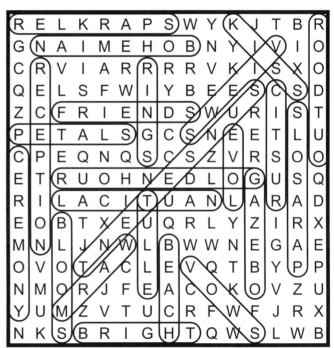

SOLUTIONS

173

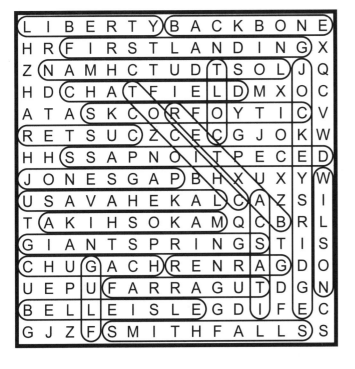

174

175

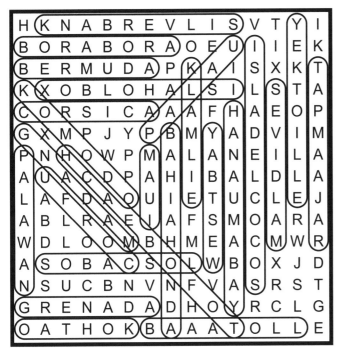

176

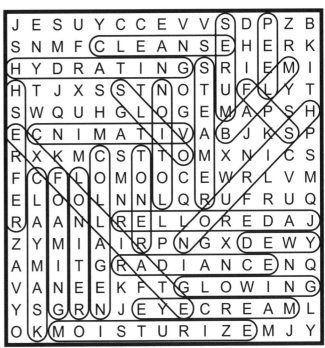

SOLUTIONS

177

```
P G I F T S H O P R I T R W J
Y A L P S I D L S E D I U J M
P I H S R A W R M R O C O R P
D U B P L D E Z R A P K T N H
B S K E R P X M O F X E D Y I
E U R C L P H O F A A T H S S
S B C I G H I D I E Z S H R T
E M C A V F B E N S R I B N O
A A G L N R I L U D P R E M R
P R Z E E N T S V S F C Y X Y
O I M V C I O D E R O T S E R
R N E E R E S N S D Z E M V Y
T E A N A D M I S S I O N V S
N O I T A C U D E F B C A E F
D O C K Y A R D L X Y N S S M
```

178

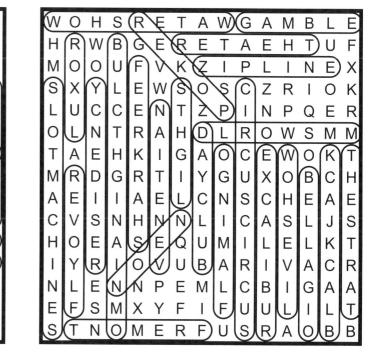

```
W O H S R E T A W G A M B L E
H R W B G E R E T A E H T U F
M O O U F V K Z I P L I N E X
S X Y L E W S O S C Z R I O K
L U C C E N T Z P I N P Q E R
O L N T E R A H G D L R O W S M M
T A E K I I G I A O C E W O K T
M R D R R I Y C U X O B C A H
A E I A E L C N S C A O J E S
C V N H N L I I A L E K T
H O E S E Q U M A I L C A R
I Y R I O V U B R I V E L A T
N L N N P E M L C B I G A L
E F S M X Y F I F U U L I L
S T N O M E R F U S R A O B B
```

179

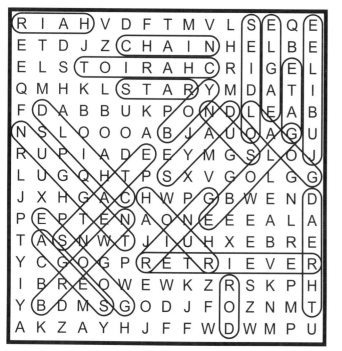

```
R I A H V D F T M V L S E Q E
E T D J Z C H A I N H E L B E
E L S T O I R A H C R I G E L
Q M H K L S T A R Y M D A T I
F D A B B U K P O N D L E A B
N S L O O O A B J A U O A G U
R U P I A D E E Y M G S L O J
L U G H T P S X V G O L G G
J X H G A C H W P G B W E N D
P E P T E N A O N E E E A L A
T A S N W T J I U H X E B R E
Y C G O G P R E T R I E V E R
I B R E O W E W K Z R S K P H
Y B D M S G O D J F O Z N M T
A K Z A Y H J F F W D W M P U
```

180

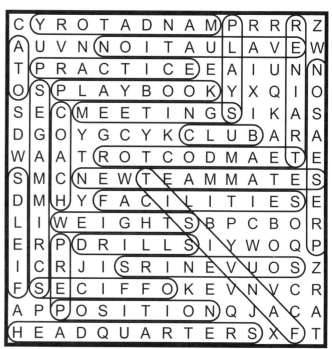

```
C Y R O T A D N A M P R R R Z
A U V N N O I T A U L A V E W
T P R A C T I C E E A I U N
O S P L A Y B O O K Y X Q I A O
S E C M E E T I N G S I K A S
D G O Y G C Y K C L U B A R A
W A C T R O T C O D M A E T E
S M C N E W T E A M M A T E S
D M H Y F A C I L I T I E S E
L I W E I G H T S B P C B O R
E R P D R I L L S I Y W O Q P
I C R J I S R I N E V U O S Z
F S E C I F F O K E V N V C R
A P P O S I T I O N Q J A C A
H E A D Q U A R T E R S X F T
```

SOLUTIONS

181

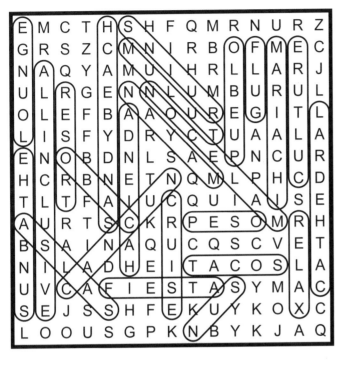

182

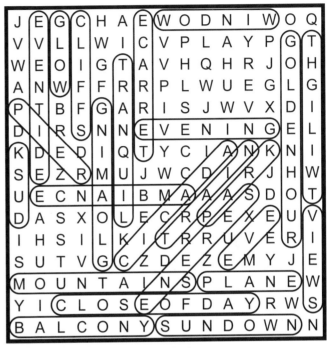

183

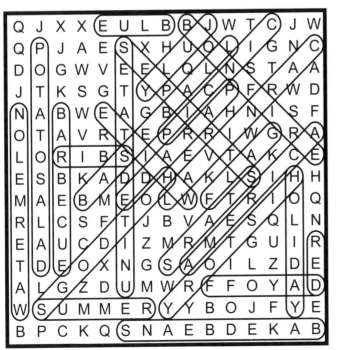

184

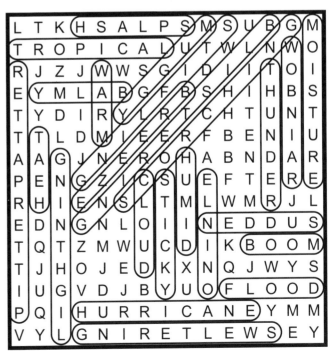

SOLUTIONS

185

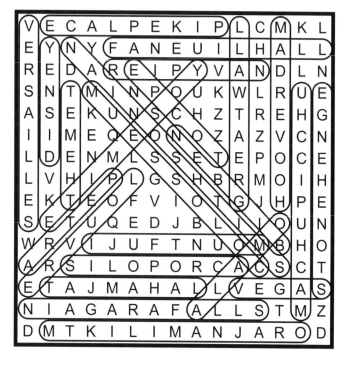

186

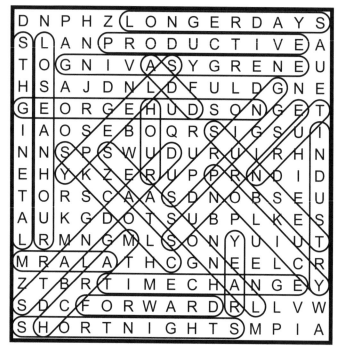

187

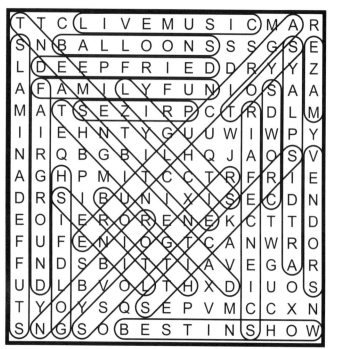

188

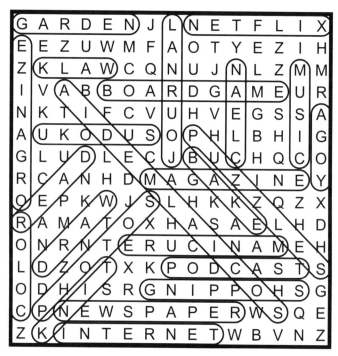

SOLUTIONS

189

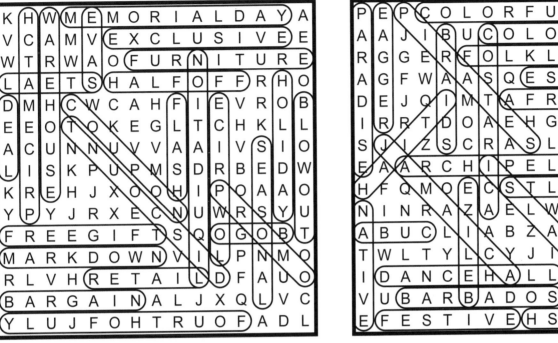

190

191

192

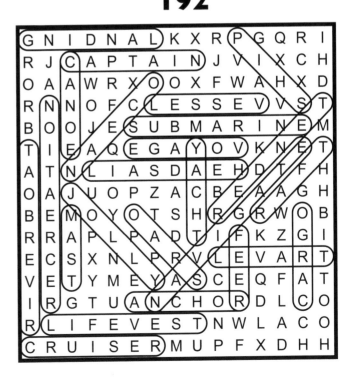

SOLUTIONS

193

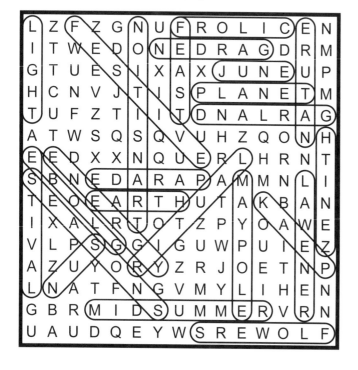

194

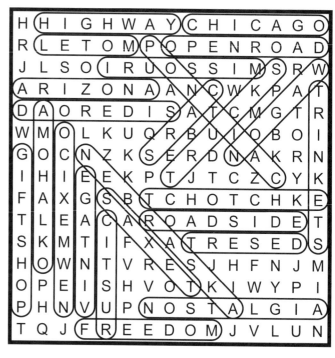

195

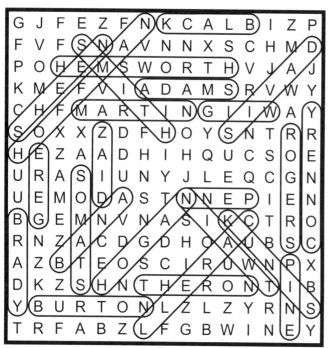

196

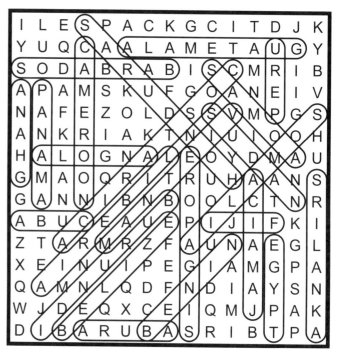

SOLUTIONS

197

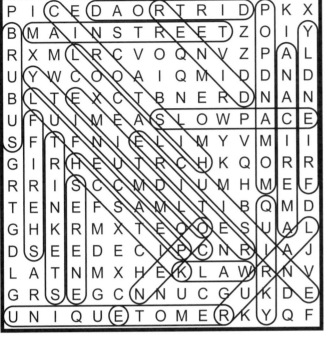

198

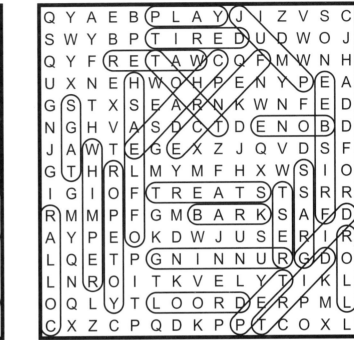

199

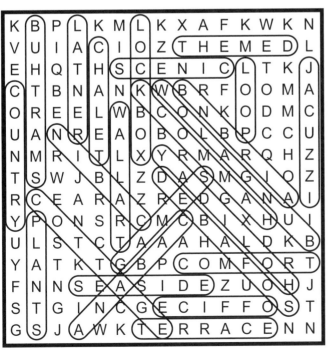

200

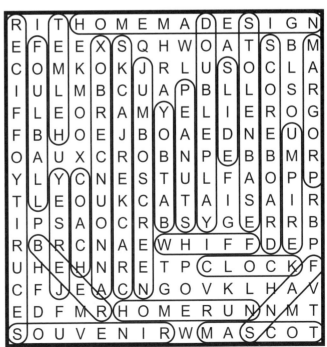

SOLUTIONS

201

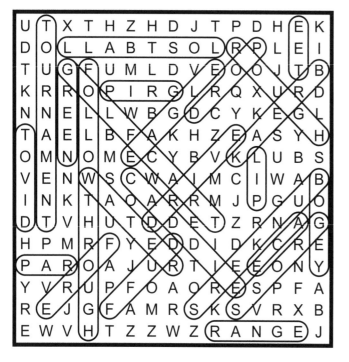

```
U T X T H Z H D J T P D H E K
D O L L A B T S O L R P L E I
T U G F U M L D V E O O J T B
K R R O P I R G L R Q X U R D
N N E L L W B G D C Y K E G L
T A E L B F A K H Z E A S Y H
O M N O M E C Y B V K L U B S
V E N W S C W A I M C I W A B
I N K T A O A R R M J P G U O
D T V H U T D D E T Z R N A G
H P M R F Y E D D I D K C R E
P A R O A J U R T I E E O N Y
Y V R U P F O A O R E S P F A
R E J G F A M R S K S V R X B
E W V H T Z Z W Z R A N G E J
```

IMAGE CREDITS